京華通覽

西山永定河文化带

主编/段柄仁

颐和园

翟小菊/编著

北京出版集团公司
北京出版社

图书在版编目（CIP）数据

颐和园 / 翟小菊编著. — 北京 ：北京出版社，2018.3

（京华通览）

ISBN 978-7-200-13433-9

Ⅰ. ①颐… Ⅱ. ①翟… Ⅲ. ①颐和园—介绍 Ⅳ. ①K928.73

中国版本图书馆CIP数据核字（2017）第266526号

出版人　曲　仲
策　　划　安　东　于　虹
项目统筹　孙　菁　董拯民
责任编辑　白　珍　刘　超
封面设计　田　晗
版式设计　云伊若水
责任印制　燕雨萌

《京华通览》丛书在出版过程中，使用了部分出版物及网站的图片资料，在此谨向有关资料的提供者致以衷心的感谢。因部分图片的作者难以联系，敬请本丛书所用图片的版权所有者与北京出版集团公司联系。

颐和园
YIHEYUAN
翟小菊　编著

北京出版集团公司
北　京　出　版　社　出版
*
（北京北三环中路6号）
邮政编码：100120

网　址：www.bph.com.cn
北京出版集团公司总发行
新　华　书　店　经　销
天津画中画印刷有限公司印刷
*
880毫米×1230毫米　32开本　8.875印张　181千字
2018年3月第1版　2024年3月第4次印刷

ISBN 978-7-200-13433-9
定价：45.00元

如有印装质量问题，由本社负责调换
质量监督电话：010-58572393

《京华通览》编纂委员会

主　任　段柄仁

副主任　陈　玲　曲　仲

成　员　（按姓氏笔画排序）

于　虹　王来水　安　东　运子微

杨良志　张恒彬　周　浩　侯宏兴

主　编　段柄仁

副主编　谭烈飞

《京华通览》编辑部

主　任　安　东

副主任　于　虹　董拯民

成　员　（按姓氏笔画排序）

王　岩　白　珍　孙　菁　李更鑫

潘惠楼

序

PREFACE

擦亮北京“金名片”

段柄仁

北京是中华民族的一张“金名片”。“金”在何处？可以用四句话描述：历史悠久、山河壮美、文化璀璨、地位独特。

展开一点说，这个区域在70万年前就有远古人类生存聚集，是一处人类发祥之地。据考古发掘，在房山区周口店一带，出土远古居民的头盖骨，被定名为“北京人”。这个区域也是人类都市文明发育较早，影响广泛深远之地。据历史记载，早在3000年前，就形成了燕、蓟两个方国之都，之后又多次作为诸侯国都、割据势力之都；元代作为全国政治中心，修筑了雄伟壮丽、举世瞩目的元大都；明代以此为基础进行了改造重建，形成了今天北京城的大格局；清代仍以此为首都。北京作为大都会，其文明引领全国，影响世界，被国外专家称为“世界奇观”“在地球表面上，人类最伟大的个体工程”。

北京人文的久远历史，生生不息的发展，与其山河壮美、宜生宜长的自然环境紧密相连。她坐落在华北大平原北缘，“左环沧海，右拥太行，南襟河济，北枕居庸”“龙蟠虎踞，形势雄伟，南控江淮，北连朔漠”，是我国三大地理单元——华北大平原、东北大平原、内蒙古高原的交会之处，是南北通衢的纽带，东西连接的龙头，东北亚环渤海地区的中心。这块得天独厚的地域，不仅极具区位优势，而且环境宜人，气候温和，四季分明。在高山峻岭之下，有广阔的丘陵、缓坡和平川沃土，永定河、潮白河、拒马河、温榆河和蓟运河五大水系纵横交错，如血脉遍布大地，使其顺理成章地成为人类祖居、中华帝都、中华人民共和国首都。

这块风水宝地和久远的人文历史，催生并积聚了令人垂羡的灿烂文化。文物古迹星罗棋布，不少是人类文明的顶尖之作，已有 1000 余项被确定为文物保护单位。周口店遗址、明清皇宫、八达岭长城、天坛、颐和园、明清帝王陵和大运河被列入世界文化遗产名录，60 余项被列为全国重点文物保护单位，220 余项被列为市级文物保护单位，40 片历史文化街区，加上环绕城市核心区的大运河文化带、长城文化带、西山永定河文化带和诸多的历史建筑、名镇名村、非物质文化遗产，以及数万种留存至今的历史典籍、志鉴档册、文物文化资料，《红楼梦》、“京剧”等文学艺术明珠，早已成为传承历史文明、启迪人们智慧、滋养人们心灵的瑰宝。

中华人民共和国成立后，北京发生了深刻的变化。作为国家首都的独特地位，使这座古老的城市，成为全国现代化建设的领头雁。新的《北京城市总体规划（2016年—2035年）》的制定和中共中央、国务院的批复，确定了北京是全国政治中心、文化中心、国际交往中心、科技创新中心的性质和建设国际一流的和谐宜居之都的目标，大大增加了这块“金名片”的含金量。

伴随国际局势的深刻变化，世界经济重心已逐步向亚太地区转移，而亚太地区发展最快的是东北亚的环渤海地区、这块地区的京津冀地区，而北京正是这个地区的核心，建设以北京为核心的世界级城市群，已被列入实现“两个一百年”奋斗目标、中国梦的国家战略。这就又把北京推向了中国特色社会主义新时代谱写现代化新征程壮丽篇章的引领示范地位，也预示了这块热土必将更加辉煌的前景。

北京这张“金名片”，如何精心保护，细心擦拭，全面展示其风貌，尽力挖掘其能量，使之永续发展，永放光彩并更加明亮？这是摆在北京人面前的一项历史性使命，一项应自觉承担且不可替代的职责，需要做整体性、多方面的努力。但保护、擦拭、展示、挖掘的前提是对它的全面认识，只有认识，才会珍惜，才能热爱，才可能尽心尽力、尽职尽责，创造性完成这项释能放光的事业。而解决认识问题，必须做大量的基础文化建设和知识普及工作。近些年北京市有关部门在这方面做了大量工作，先后出版了《北京史》（10卷本）、《北京百科全书》（20卷本），各类志书近900种，以及多种年鉴、专著和资料汇编，等等，为擦亮北京这张“金名片”做了可贵的基础性贡献。但是这些著述，大多是服务于专业单位、党政领导部门和教学科研人员。如何使其承载的知识进一步普及化、大众化，出版面向更大范围的群众的读物，是当前急需弥补的弱项。为此我们启动了《京华通览》系列丛书的编写，采取简约、通俗、方便阅读的方法，从有关北京历史文化的大量书籍资料中，特别是卷帙浩繁的地方志书中，精选当前广大群众需要的知识，尽可能满足北京人以及关注北京的国内外朋友进一步了解北京的历史与现状、性质与功能、特点与亮点的需求，以达到“知北京、爱北京，合力共建美好北京”的目的。

这套丛书的内容紧紧围绕北京是全国的政治、文化、国际交往和科技创新四个中心，涵盖北京的自然环境、经济、政治、文化、社会等各方面的知识，但重点是北京的深厚灿烂的文化。突出安排了“历史文化名城”“西山永定河文化带”“大运河文化带”“长城文化带”四个系列内容。资料大部分是取自新编北京志并进行压缩、修订、补充、改编。也有从已出版的北京历史文化读物中优选改编和针对一些重要内容弥补缺失而专门组织的创作。作品的作者大多是在北京志书编纂中捉刀实干的骨干人物和在北京史志领域著述颇丰的知名专家。尹钧科、谭烈飞、吴文涛、张宝章、郗志群、马建农、王之鸿等，都有作品奉献。从这个意义上说，这套丛书中，不少作品也可称“大家小书”。

总之，擦亮北京“金名片”，就是使蕴藏于文明古都丰富多彩的优秀历史文化活起来，充满时代精神和首都特色的社会主义创新文化强起来，进一步展现其真善美，释放其精气神，提高其含金量。

2017 年 11 月

目录

CONTENTS

概 述

北京的皇家园林颐和园，是中国近代历史的见证，又是中国数千年文明史的一个载体。它经历了一个多世纪的历程，其兴衰荣辱与历史同步。作为中国皇家园林的代表作品，颐和园的价值，首先在于它是中国几千年封建社会皇家园林发生和发展的终结；其次在于它在新的历史时期的完整存在和功能符合时代潮流并具有典范意义的转化；最后在于它从内容到形式展现出的传统文化的浸透，并时刻接受着世界范围内的广泛的参观者和研究者以多种审美情趣、审美标准而得出评定，这一切还在发展和深化之中，这一切也成为确立颐和园作为世界文化遗产的历史地位和重要依据。

颐和园修建的特殊历史背景

伴随着几千年封建帝制历代兴建的皇家园林，大多毁于朝代更替时的战火。虽然现代考古发掘，已然揭示了许多地下埋藏的残基柱础、水道池岸，但凭此恢复完整的苑囿尚未可与恢复宫殿建筑相比，难以取得科学的较为准确的原貌，因为园林的神韵，更在于山水的意境和自然环境的布置。现代对于古代园林的认识，特别是宋元以前的园林，更多依赖于文献和中国历代的山水画卷。明清以来，因尚有较多实物存在，得以对包括皇家园林在内的明清园林有较为具体深入的认识。颐和园是中国皇家园林现存最为完整的实物例证，由于文献、档案、资料的记载翔实，所以其在深入研究方面具有独占鳌头的优势。

颐和园平面图（民国二十三年）

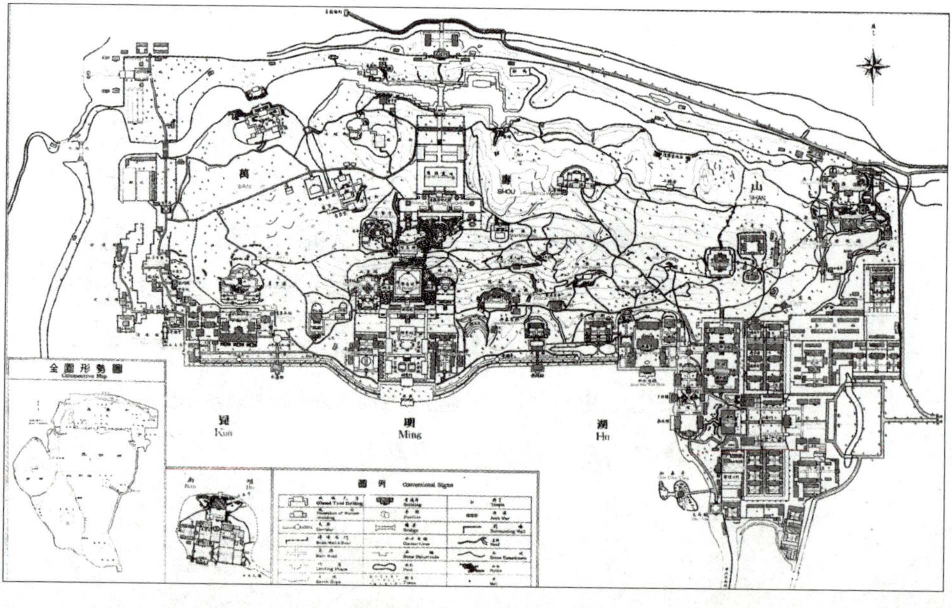

清代绘制的颐和园全景图

首先是建造的历史时代。虽然清朝末年光绪十二年（1886），清内务府档案已有了在兴办海军学堂的名义下，在清漪园的遗址上兴建排云殿的明确记载，但是以颐和园的园名正式宣布重建毁于咸丰十年（1860）第二次鸦片战争的清漪园，却是光绪十四年（1888）的光绪诏谕。这时，上距咸丰十年（1860）万寿山、清漪园与圆明园同时焚毁 28 个年头；下距最后一个封建帝制朝代的消亡仅有 23 个年头。这样，修建颐和园是中国延续几千年封建帝制的皇家最后一次大兴土木。可以断言，这是一个多世纪以前，中国土地上最大的工程和最大的工地。光绪十四年（1888）至光绪二十年（1894），颐和园工程告一段落，当园林的主人慈禧皇太后筹办六十大寿的时候，清王朝的挖墓人孙中山在檀香山创立了第一个资产阶级革命团体——兴中会。处于风雨飘摇中的清王朝，在光绪二十年（1894）的甲午中日战争的炮声中，勉强结束了颐和园的复建工程。承旨督造颐和园的海军衙门，在北洋海军全军覆没后，给我们留下一座堪称绝响的皇家园林——一个不可能再产生的中国古代园林的门类。在中国末代封建王朝的历史上，从乾隆十五年（1750）至宣统三年（1911），颐和园是清代最高统治阶层政治活动、宫廷生活和许多重大历史事件的舞台。

它从一个侧面反映了中国社会、政治、经济、文化的发展进程，是中国近代历史的缩影。

颐和园的艺术成就与价值

颐和园的前身——万寿山清漪园是清代分布在北京西北郊皇家园林区“三山五园”中最后兴建的一座。它的建成，填充、丰富了从畅春园、圆明园到玉泉山静明园、香山静宜园数十里空间的山水楼台点缀，最终完成了中国历史上前所未有的庞大的皇家园林景观群体的建设。从平面布局来看，“三山五园”中唯一以改造自然水体为主景的清漪园，实际成为“三山五园”的景物构图中心。万寿山佛香阁和园内主体建筑以及湖上点景构成的中轴线，东至圆明园，西至静明园，经过潜心的规划，设计出大致相等的空间距离。以清漪园建成为标志的“三山五园”总体规模的

清代三山五园图

实现，是清王朝达到极盛时期的综合国力在皇家园林建设中的集中反映。“三山五园”总体规模的实现是中国封建社会有限的几个强盛的高峰之一，也是在皇权统治下，都城、宫殿、园囿等营造建设中屈指可数的高峰之一。

清漪园始建于清乾隆十五年（1750），其时已是乾隆九年（1744）圆明园建成六年之后。圆明园是经过康熙、雍正、乾隆前后数十年的经营，不断增建、扩建，以挖池堆山、平地造园为主要手法，所完成的包含 100 多个景区的集景式园林。清漪园却是在自然的山水框架里，一次性规划，一次性连续 12 年不间断地施工，立足于一个大园子结构，用高阁、长廊、长堤、大岛、长桥这样一些大尺度并具有很高造景观赏性的园林建筑物，所构筑的宫苑气魄宏伟、色彩浓丽、金碧辉煌，处处刻意突出皇家气派，并以此在“三山五园”中独树一帜，因而乾隆皇帝在诗中写道：“何处燕山最畅情，无双风月属昆明。”可见，清漪园是乾隆在“三山五园”中得意的压卷之作。

清漪园建成后，经乾隆、嘉庆、道光、咸丰四朝皇帝御临，据《起居注》《奏案档》中记载：乾隆皇帝游园 132 次，留下 1500 余首咏清漪园的诗文；嘉庆皇帝游园 265 次，最多的一年达 17 次；道光皇帝来园 142 次；咸丰皇帝来园 41 次。此时的园林仅为御苑，皇帝从未在园中居住。咸丰十年（1860），清漪园及“三山五园”的其他园林同被英、法联军付之一炬。光绪十二年（1886）至光绪二十一年（1895），光绪朝掌握实政的慈禧太后，挪用大量海军经费和其他款项，在清漪园的废墟上按原规模重建，并变更园名为颐和园，作为她颐养天年的夏宫。颐和园沿用了清漪园的山水、建筑和植物规划，再现了清漪园的景观风貌，根据保留至今的、相当完整的颐和园工程清单分析，颐和园忠实地复建了清漪园最主要和最精彩的部分；在不违背总体规划的前提下，由于局部使用功能的改变，而调整了少数建筑群的平面布局，这里有两处较大的改动值得说明。第一，佛香阁下的大报恩延寿寺改建为排云殿，但是，依旧按照大报恩延寿寺依山爬升的殿座叠落布局，无损原有的磅礴气势，使用功能的改变没有影响建筑外形的改变，使万寿山上的建筑群所形成的影廓，仍然层次清晰、蔚为壮观。无论是从佛香阁顶层俯瞰，还是从湖边的云辉玉宇牌楼下仰视，都能感受到建筑宏伟气势所生发的艺术感染力。第二，在东宫门内仁寿殿（原勤政殿）北侧的怡春堂遗址，兴建了高21米，三层的德和园大戏楼。就建筑的绝对高度来比较，德和园大戏楼仅次于佛香阁，位居园内第二，远高于仁寿殿和周围的生活寝宫区。在其顶层，既能俯视眼下的层层院落，又是眺望园内全景和园外借景的最佳观赏点。这处改变是为了满足宫廷演戏活动的需要，特别是处于成熟过程中的京剧艺术演出规模的需要。现存的当时清宫样式房的图纸，还有关于这座戏楼选址的其他方案，包括和慈禧寝宫乐寿堂合而为一的方案，方案中大戏楼倒座在昆明湖岸边。无疑，敲定的位置是最佳的选择。纵观全园，建筑物的分布是北实南虚、东实西虚，大戏楼的兴建，增强了全园的虚实对比，极大地丰富了以建筑物顶部轮廓为主要组成元素的园内东部的天际线。从这两个变化看来，颐和园的复建不但忠实于清漪园的原有规划布局，而且在充分理解原有规划设计思想方面，抓住了它是一个完整的大园子的设计宗旨，力求每一个局部都是全园的一个有机组成部分。如果说圆明园的结构是在统一中求变化，那么颐和园继承了清漪园造园思想的内核——在变化中求统一。说得更形象一些，圆明园是一部中短篇小说合集，颐和园却是一部长篇小说，一部围绕一个主题、洋洋洒洒数十万言的鸿篇巨制。

颐和园占地约 3 平方公里，水面约占四分之三，是一座大型的山水园林。万寿山和昆明湖构成了这座皇家园林的主体框架。园林在自然山水基础上经人工改造，规模宏大、建筑精美，体现出皇家气派。全园 100 余处景观，分为宫廷区（包括生活区）和苑景区。宫廷区在东宫门内，分为朝政和生活两个区，朝政区以仁寿殿为中心，是慈禧与光绪帝从事内政、外交政治活动的主要场所；生活区主要建筑乐寿堂、玉澜堂、宜芸馆三座大型院落，是慈禧、光绪及其后妃居住的地方。整体建筑格局规整，显示出皇家宫殿庄重、威严的等级。青灰色的屋顶和庭院的花草树木又营造了园林的活泼氛围。生活区背山面湖，所有建筑均有游廊串联，东可通大戏楼，西可达长廊。慈禧寝宫前的水木自亲码头，是她从水路出入颐和园的门户。庭院中叠石、假山及富有寓意的陈设、花木，构筑出中国皇家园林追求的理想居住环境。殿堂中珍藏着 4 万余件文物，都是帝后使用过的原物。苑景区占全园总面积的十分之九，由昆明湖、万寿山前山和后山及后溪河（亦称后湖）组成。万寿山的前山，平缓舒展，面对浩渺的昆明湖水面，景色开阔。后山峰回路转，山脚下一条后溪河蜿蜒曲折，极为幽静。7 万平方米的各式宫殿、寺庙和景点建筑，因地制宜地分布在山水框架之中，既有皇家园林的恢宏，又充满了天然之趣。这种分布高度体现出中国园林“虽由人作，宛自天开”的造园准则。万寿山前山中部以佛香阁为中心，层层上升的建筑形成金碧辉煌的中轴群体，气势磅礴，突出了皇家园林的造园主题。佛香阁八面三层高 41 米，阁内有 8 根通长的铁梨木柱承重，屋顶用 35 种 184172 件琉璃瓦组成，是中国古代建筑工艺中的珍品。阁东侧有转轮藏和“万寿山昆明湖”巨碑，西侧有五方阁和用 207 吨纯铜铸成的宝云阁，它们均为中国传统建筑、工艺的优秀代表。四周还有众多的亭、台、楼、阁供人登临俯览昆明湖的景色。湖山之间，连接万寿山前山建筑群的彩画长廊长达 728 米，绘有 14000 余幅彩画，是中国园林巨型画廊的代表。昆明湖自然清秀，具有江南的神韵。湖中三座大岛，较好地表现出中国园林追求的具有寓意的“海上仙山”传统修造模式。其中的南湖岛以一座长达 150 米的十七孔桥通向东岸，创造了昆明湖水景中极为壮美的景观。昆明湖西部的西堤，仿照中国杭州西湖著名的苏堤而建，堤上建有 6 座不同形式的桥梁，景色与园外西山嵌合，形成一幅绝妙的山水画卷。北京西山起伏的山脊，是颐和园西部真正的天际线，是颐和园结构框架的重要组成。颐和园将西山外景借入园内，在现存的中国古代园林中被视为最佳的借景范例。万寿山后山中部是仿照中国西藏著名的古庙桑鸢寺建造的汉藏式寺庙建筑群，后湖中心是仿照中国江南临水的街市建造的买卖街，东部是仿照中国无锡民间私园寄畅园修建的园中之园谐趣园，从中国西部高原到江南水乡的自然景色，被高度和谐地浓缩在一处园景画面之中。其各具民族风情的建筑，反映了中国造园艺术的高超水平。后山还有几处精巧的小园，由于咸丰十年（1860）、光绪二十六年（1900）两次遭受帝国主义侵略军的破坏，仅存遗址。

颐和园的园林造景，融合了中国绘画、诗歌和文学意境，成功地造就出中国皇家园林宏大的气势、辉煌的色彩及与山水绿化环境的充分协调关系。中国古代封建秩序、哲学思想、宗教信仰渗透于全园之中，典型地反映了中国皇家园林特有的精神追求。首先是中国哲理阴阳虚实的对比关系，通过山水对比的布局达到高度的和谐统一。其次，全园宫殿建筑的组合排列，遵循了儒家学说所规定的纲常伦理；而昆明湖上三座仙岛的设置，又是道家希求长生不老思想的体现；构筑于万寿山上的寺庙佛阁，又显示了祈求佛陀庇护的愿望。这一切均倾注于充满诗情画意的湖光山色之中，并且了无痕迹，达到内容与形式的高度统一。园林不但再现了清漪园的景物，而且继承和再现了自秦汉以来皇家园林的规制和内容。它是中国园林利用自然山水，本于自然而又高于自然，集自然景观和人文景观为一体，实现建筑美与自然美融糅一体的成功范例。有着极为丰富的历史文化内涵，是研究中国皇家园林和中国近代历史、建筑、美学、宗教、人文、环保等多种学科最好的实物素材。

20 世纪 90 年代，昆明湖经过国家级的科学技术鉴定，湖泊的历史气候、植被、水质、生物遗存、地磁演化等数据对北京的环境保护具有实际参考价值。

中国古代建筑的最后一座丰碑

在现存的清代档案内，保留着修建颐和园完整的工程清单，这些清单记录了从光绪十六年（1890）底至光绪二十年（1894）颐和园工程每五天一次所呈报的工程进度，其工作内容，按建筑物名称开具清楚。若摘编某建筑物专项，则该建筑从刨槽至彩绘竣工，不但工序清楚，而且工艺做法、用料情况也十分详细。其中还反映了建筑名称的改变、雨季停工、春节前后休工等细节，包工木厂（施工厂家）等也都有明确记载。除工程清单外，档案材料中还有工程拨款数额、来源，建筑材料的价格、运输费用，以及不同工种的日工资等种种在销算簿册中所反映出的具体资料。分散收藏在档案馆、图书馆和高等院校中的有关样式雷和算房高家族的大量图纸和文字材料，则形象全面地反映了颐和园修建过程中规划设计程序和工程有关数字测量等大量信息。由此，可以得出以下结论：颐和园是以中国传统的规划设计程序、传统的建筑形式、传统的建筑材料、传统的工艺流程做法、传统的大型工程的管理体系和传统的匠作组织所完成的一座规模浩大的古代园林建筑群。这一切集中在光绪十二年（1886）至光绪二十年（1894）[工程清单延续至光绪二十一年（1895）年初]近10年的时间内完成。颐和园现存那个时期的古建筑66759.9平方米，如果加上中华民国时期拆除、塌毁的建筑和游览区以外的附属建筑统计，全部建筑面积不低于7万平方米。接近明清两代400余年所营构紫禁城建筑面积的二分之一。在10年中，建成如此规模的建筑群，是中国古代园林建筑史上所罕见的。

从园林建筑形式的类型来看，颐和园中几乎罗列了古代所出现过的所有类型，殿堂厅馆、亭桥廊榭、塔台楼阁、轩舫肆关，应有尽有、丰富多彩。可贵的是，它们都基本符合清代营造则例的一般规范，同属一个历史时期的风格。这对如此规模的建筑群来说，更加突出了全园的整体统一、和谐完美。可以毫不夸张地说，颐和园的建筑风格有着强烈的个性特征，有着那个时代的烙印。不但和同类性质的北海公园中的清代早、中期的建筑有着可辨的差异，即使和仅存的个别清漪园的建筑相比较，也能感觉到尺度、比例的区别，特别是在斗拱的细部，装饰纹样、石雕手法上就更加明显。

无可讳言，清漪园的兴建，是在清代的极盛时期，而颐和园的修建则是在清王朝的末世，其政治氛围、经济实力，已经和乾隆早期情况不可同日而语。这个不能排除的历史背景，同样在颐和园的工程质量中表现了出来。室内装修水平应是差距最大和最有说服力的证据了。何况清漪园尚有 30 多处大、小遗址，是颐和园修建时所没能予以复建的。以上所说的一些缺憾，对于一座以总体宏观气势取胜的皇家园林来说，尚不致掩盖它的精华所在。其主旋律的光彩，依然从建筑造景的强音与周围的自然山水取得优美的共鸣。颐和园与其他一切经得起历史长期考验的人类文明创造一样，为现代和后世的不同审美趣味的人们所接受、所赞叹！

中国古代建筑有着几千年的发展历史，保留至今的经典实物，包括城池、宫殿、园林、陵墓、寺观、石窟、民居、坛庙、塔坊、河渠……其中许多是由当时最高统治者皇帝亲自主持或发布诏令建造的。往往这些建筑物最能代表当时在建筑领域内所能达到的最高科学技术水平和艺术水平。因为只有最高统治者的介入，始能动用全国的财力、物力、人力和智力。19 世纪末，人类已经开始进入现代文明。由皇家主持决策，成千上万能工巧匠付出智慧和血汗所建成的皇家园林颐和园，是中国封建社会最后一次大兴土木。无论规模还是艺术水平都能列入古代园林建筑的精品行列，成为在现代建筑兴起之前，中国古代建筑所树立的最后一座丰碑。

中华人民共和国成立后，园林的山水、建筑、花木、文物受到充分的重视和保护。1949 年 4 月成立颐和园管理处，国家投资巨款对颐和园进行重点修缮保养。1957 年 10 月 20 日，北京市政府公布颐和园为第一批市重点文物保护单位。1961 年 3 月 4 日，中华人民共和国国务院公布颐和园为第一批全国重点文物保护单位。进入 20 世纪 90 年代，颐和园在对原有古建进行认真保护的基础上，又在清漪园遗址上按原样重建了四大部洲、苏州街、景明楼、澹宁堂等建筑群。1990 年冬季的昆明湖清淤工程，将湖中积压了 240 年的淤泥清除干净。之后，又对万寿山进行了彻底治理和全面绿化，使园林的楼台亭阁越发辉煌，湖光山色更加秀丽。1992 年,中国的权威人士评定颐和园为“世界上造景丰富、古建筑集中、保存最完整的皇家园林”。1997 年，颐和园成为全国文明风景旅游区示范点。1998 年，世界联合国教科文组织根据国际佛罗伦萨宪章中保护世界自然和历史文化遗产的规定，派出专家对颐和园进行了严格的考察认定：1. 北京的颐和园，是对中国风景造园艺术的一种杰出展现，将人造景观与大自然和谐地融为一体；2. 颐和园是中国的造园思想和实践的集中体现，而这种思想和实践对整个东方园林艺术文化形成的发展起了关键性的作用；3. 以颐和园为代表的中国皇家园林，是世界几大文明的有力象征。鉴于园林丰富的历史文化遗存和珍贵的遗产价值，1998年12月2日，颐和园被列入《世界遗产名录》。

作为遗产，颐和园体现了中华民族传统文化中那些闪光的高度历史文明，丰富了人类文化的内容，为新世纪人类文化可持续发展提供了动力源泉。在首都向世界大都会发展过程中，颐和园是北京持续发展过程中值得骄傲的民族历史文明象征，是古都风貌的重要组成部分，是建设首都一流园林城市的优势资源，是北京西北部城市规划的重要战略要素。

颐和园世界遗产碑揭幕

听鹂馆“万寿无疆席”申报非遗

作为博物馆式皇家园林，颐和园发挥着古典园林型城市公园的作用，它是促进世界文化交流，弘扬祖国传统文化，进行爱国主义教育的重要场所，是展示首都精神文明建设和文化事业发展成果的窗口。

2003年9月9日，颐和园举办“中秋之夜”音乐会

2004年，雅典奥运火炬北京传递的终点在颐和园

2004年9月28日，颐和园举办“昆明湖之夜”晚间游园活动

2005年9月16日，颐和园举办中法文化年活动

地理风貌

颐和园位于北京西北郊海淀辖区内，西与西山、玉泉山接壤，北以香山为屏，东和圆明园、北京大学邻近，南距城区约15公里，历史上是著名的“三山五园”皇家园林群体的中心。园林的主体结构万寿山、昆明湖，系在天然地貌的基础上经过人工精心改造、雕琢而成。优越的地貌环境，铺垫出颐和园宏伟壮阔的气势，是颐和园景观最基本的构成。

御苑山水

万寿山、昆明湖，源出北京西山一带的自然山水。在距今一亿八千万年至一亿年的燕山运动中，西山经过翻天覆地的巨大变化，造势出峰峦叠嶂的山体形态，伸入小平原的最东端。在地壳变动过程中，剧烈的活动和强烈的腐蚀作用，使西山向东延伸的基本构造框架，分裂成为几个小孤山，包括今日的玉泉山和万寿山。同时，山间断陷盆地出现群湖，即今日昆明湖的原始雏形。

万寿山

传说万寿山的山体在金、元时期因山麓魁大、凹秀似瓮形被称为瓮山。古代笔记中还有因一老父在凿山时掘到怪异石瓮而得名的传说。当年的瓮山只是一座草木无生的小山，但瓮山前有湖光澄碧的西湖（昆明湖前身），西有峰峦苍翠的玉泉山。在瓮山上可以眺望到远处的都城宫阙，亦可欣赏近处的湖山风景。瓮山、西湖、玉泉山之间山水连属，在景观上互为借资。这种罕见的地貌条件，为修建园林铺垫了良好的自然环境基础。

清乾隆十五年（1750），颐和园的前身清漪园始建，瓮山的天然山体融入了人为雕琢的痕迹。为造园布局的需要，将疏浚山

颐和园万寿山

前西湖挖出的泥土，堆补在山的东麓，造成中高，东、西低缓，平面如“蝠”形的山形。前山的东部仍然露出“燕台大观”天然山石，山的东北脚霁清轩院内仍然露出“清琴峡”天然石峡，颐和园的湖山地貌于此时定型。乾隆十五年（1750）三月十三日，这处经过加工定型的园林山体被乾隆皇帝命名为万寿山。万寿山东、西约 1010 米，南、北最宽处约 480 米；山最高处海拔约 109 米，比湖面高出约 60 米；山前临湖山脚距水面平均宽度约 50 米，最宽处 90 米，最窄处约 20 米。后山有两条山沟：须弥灵境东的一条沟谷，在寅辉桥下入后湖，长约 120 米，沟底较窄，平均坡度大于 9°。赅春园西部的桃花沟长约 100 米，沟底较宽，平均坡度为 7°。后湖以北的土山为人工堆叠而成，长约 1000 米，高 6 米 ~ 10 米。昆明湖东、西最宽处 3360 米，南、北最宽处 3960 米。

昆明湖

昆明湖的前身最早见于记载的名称为瓮山泊、大泊湖、西湖，位置在今昆明湖迤西。这处水域，地处北京西北部永定河冲积扇和南口山前冲积扇之间的低洼部位，原为地下水溢出带汇积而成的淀泊。商以前，曾经是古永定河和古高梁河流经的河道。三国时代魏嘉平二年（250），开车厢渠，曾利用这里的古旧河道引水灌溉蓟城（北京）西、北、东三面土地。北齐天统元年（565），幽州刺史又以高梁水，向北合易京水，沟通了古昆明湖和古高梁河的河道。此时这里仅被引水工程利用，没有形成风景名胜，也未见通航的记载。湖泊环境的开发，始于金代，盛于元、明，定型于清。

1995 年，由地矿部、中科院、颐和园等 8 家单位联合进行的“昆明湖沉积研究”，用科学检测的方法，与古籍记载相互验证，首次测定昆明湖水域形成于 3500 年前，以及这处水域从发生到发展的变化。这次测定认定瓮山泊是在河漫滩基础上发育起来的浅水湖泊，夏商时期（距今 3000 年—3500 年），湖泊属雏形阶段，水体处于变化动荡中。商至周末（距今 2300 年左右），湖区稳定成型。周末至宋（距今 900 年—2300 年），湖区水量减少，一度干涸。元、明时期湖水增加，水体稳定。乾隆十四年（1749）以后，自然淀泊变为人工湖泊。

瓮山泊的水脉系玉泉之水，金章宗时被厘定为燕京八景中的“玉泉垂虹”。金大定十九年（1179），金迁都北京后，在现今北

万寿山昆明湖

海琼华岛处建造了一处四围是水的豪华离宫“大宁宫”。为把玉泉山丰沛的水源导入大宁宫，开凿了从瓮山泊南通高梁河上源的引水渠道（长河的前身）。元灭金后定都北京，为解决城中水源，将瓮山泊西的玉泉山泉水开凿了一条金水河引入城中专供皇家使用。由于大都距江南极远，所需物资均要通过漕运。在督水监郭守敬的倡导下，经过周密的地形测量，元至元二十八年（1291）至二十九年(1292)开始兴修白浮堰凿通惠河的水利工程。《元史·河渠志》载:通惠河工程，从昌平引来白浮泉水，在上游沿着“西折南转”的走向，修筑了一条白浮堰拦汇沿途渚水，流注瓮山泊。再开挖通惠河下游渠道（原金人所开故道加以疏凿）将水导入高梁河（即后来的长河）上源，接济大都漕运。工程的开凿，不仅对元朝的政治、经济、军事、文化各方面起到了重要的作用，而且将瓮山泊纳入北京西北水系，改变了其原始淀泊的面貌。充沛的水源扩大了瓮山泊的水面，河流上下衔接水势顿呈浩渺，湖水可蓄、可泄，不仅能行船通航，而且开始具备了一个水库的功能。明朝建都南京时，大运河无漕运，通惠河的上源白浮瓮山河由于30多年无人管理而荒废。至明成化十二年（1476），白浮河彻底断流，只以玉泉水注入西湖。作为通惠河的上源，古昆明湖水域成为京城重要水脉之一。

清乾隆年间，为蓄积昆明湖的水源，还开发了西山、香山、卧佛寺等处的山泉水，做了汇集西山诸泉水的石槽工程。泉源一是西山樱桃沟的泉水源头，二是香山碧云寺内的石泉。皆凿石为槽，通以水道，引流沿途诸水，大部分从北面入昆明湖，另一部分引入较昆明湖水位高的高水湖，灌溉农田之后由西堤涵洞流进昆明湖。导入昆明湖的西山泉脉还有香山的双清泉、飞泉、玉华泉等，皆是自元代起即负有盛名的清泉，不仅满足了昆明湖的水量，亦保证了昆明湖的水质。

清乾隆十五年（1750）后，昆明湖开挖定型，改变了原瓮山泊、西湖天然湖泊的地貌，逐渐从地下湖演变成地上湖，纳入皇家御用湖泊之列。同治六年（1867），清内务府曾对昆明湖水源做了一次调查，查得昆明湖来源为玉泉山玉泉之水，实借助于香山、樱桃沟两泉，力加疏沦，节节导引，停蓄于昆明湖中。这说明，咸丰十年（1860）英、法联军焚烧清漪园后，昆明湖的上游水脉水源流畅，并未遭到破坏。清末，颐和园建成，昆明湖依然保持了清漪园时期的水源、水道、水面、水位，基本保持了清漪园时的景观风貌。

1924 年至 1948 年底，昆明湖的水源依然出自玉泉诸脉，当时玉泉之水初分为四路，北面三路流入长河，行近颐和园西北角时分成大小两支，大支穿流颐和园后，由下游经长河、蓝靛厂、高梁桥进入三海（北海、中海、南海的合称）。小支入青龙桥流向平东各县。南面一路流至高水湖，又分两岔，一岔与北面之水汇合从长河入园，一岔向东南流灌各处水田。颐和园附近的稻田，自明代大量开垦以来，即由西湖放水灌溉。在皇家园林时期，这些稻田归属清宫稻田厂管理，是清内务府的一项收入。颐和园改为公园后，入水河道归工务局管理。为保证城内三海水位，控制了昆明湖出入水流。1928 年，中南海水涸，市政府派员查闭昆明湖出水涵洞，减少对颐和园周围水田的供水。

1949 年以后，国家和政府对这座以水面为主体的大型山水园林非常重视，进行了保护和修整。

御苑植物

颐和园的植物、植被是组成园林文化遗产的重要部分之一。颐和园地处华北平原北缘，属西北山区向东北平原过渡的地带，为暖温带半湿润大陆性季风气候，年均温 10℃ ~ 11℃，最冷的 1 月均温为 −4.7℃，最热的 8 月均温 26.1℃，年降水量 500 毫米 ~ 700 毫米。园林植被覆盖满山，苍松古柏和各种花卉繁多，

颐和园植物

气候凉爽舒适，风光自然宜人。原始的植物、植被属暖温带落叶阔叶林区，也分布有油松林，而山地上部则分布有寒温性针叶林。由于多年的历史开发，颐和园地区的原始森林植被已被全部破坏，现存植物多为破坏后产生的各类天然次生群落和人工栽培的植被，从山地到平原和湖泊，水生、沼生、湿生、旱生及阴生等各种植物类型在园中均有分布。1997 年经实地调查，颐和园共有植物 3 门 89 科 225 属 319 种。至 2000 年 12 月，园林共有树木 408072 株，其中乔木 30252 株、灌木 58158 株、古树 1608 株，草坪 240000 平方米，全园绿化面积 579049 平方米，绿化覆盖面积 629555 平方米，绿地覆盖占陆地面积 81.4%。园中的植物、植被，经历了 3 个主要阶段：乾隆时期规划种植和移植，光绪时期的补植、培植，中华人民共和国建立后公园的绿化和管理。植物、植被的变化，反映了颐和园各个历史时期的状况，是园林兴衰的一个缩影。

植物群落

植物群落由园中的乔木、灌木和草坪组成，种植以万寿山为主体，在天然地貌的基础上，经过潜心的规划，用不同特色的植物营造出不同的景区。群落布局，继承了中国古典园林自然与人工相结合的艺术手法，最大限度地体现了清代皇家园林植物配置与花木造景的典型要求，以深刻的内涵和喻义，成为中国古典文化型自然风景植物群落的代表之一。

万寿山、昆明湖地区的植物群落，以元、明时期的植物生态环境为基础。虽然当时瓮山的原始森林植被已经踪迹全无，但是明末在瓮山上修建的仁慈庵，寺院两旁的椿树已经规划种植成行。山林树木此时不繁茂，而与瓮山毗连的西湖却生长着较为丰富的水生植物和浮游藻类。在古籍记载中，元代时西湖已有荷塘，是北京西北部著名的风景区。明代时“西湖莲花千亩”“盛夏之月，芙蓉十里，堤柳丛翠”“长堤五六里，堤柳多合抱”，荷花和堤柳极为兴盛。颐和园的前身清漪园在建园时充分利用了这一自然的生态条件，并根据造园要求按不同的山水环境大片栽植不同的植物品类，以突出各地段的景观特色，渲染各自的意境。前山以柏树为主，间植松树；后山以松树为主，辅以柏树，间植山枫、槲、栾、槐、桃、杏等落叶树和花灌木，形成漫山松柏成林、林下繁花似锦、堤岸红桃绿柳、湖中荷花飘香的优美环境。园林在绿化造景上更注重天然植被的环境，植物栽培既注意了季节的变化，又保持了终年常青。造景手法与私家园林侧重一花一木的姿态色香截然不同。

万寿山松树

1995年，昆明湖3500年沉积物中的孢粉研究测定：万寿山、昆明湖地区的植物、植被，在历史上曾分属于79个植物科属，这些植物经过自然发育和清乾隆、光绪两朝的人工培育，繁殖延续下来。1949年后，国家注重对园林生态的保护，在原有植物造景的基础上又大规模绿化，使植物品种增多，成具现在的规模。

万寿山上植物群落的人工种植，始于清乾隆十五年（1750），经过多年的栽植和从外地移植树种，逐步形成了郁郁葱葱的大片针叶松、柏和由落叶、阔叶乔木树种组成的杂木林。当时，万寿山北面大有庄的西北，辟有林场苗圃名松树畦（至今仍有此地名），供应清漪园及宫廷和各处所需树木。清代皇家的工程规范《万寿山工程则例》中提到园中植物造景所用的部分苗木名称有：果松、蕙松、马尾松、杉松、冻青、秋叶、各色葭叶、红叶、黄叶、梅树、红茶花、玉兰、紫竹、柏树、金钱松、罗汉松等，反映了园林在初建时的植物面貌和植物品类。1994年，北京几位园林专家对颐和园内的古松进行年轮鉴定：其中眺远斋东侧一棵油松（B08027号）有243年树龄，栽植于乾隆十六年（1751），为育植后第八年乾隆二十四年（1759）移栽此地。当时清漪园修建工程正在进行之中（1750—1764）。平台亭东侧 1 株油松（B08117号）有 230 年树龄，为育植 3 年后（清漪园建成后 3 年）移植园中。此两株油松均处于后湖北岸，是火烧清漪园劫余幸存者。乾隆二十九年（1764）,《清高宗御制诗》有“新松欣与旧松齐”句，乾隆三十年（1765）又有“苍松傲冻耸孱顶”句，乾隆三十二年（1767）再有“林风翻翠”句，证明当年万寿山上的植物，在园林修建经近 20 年时已经培育成景。咸丰十年（1860）英、法联军火焚清漪园，万寿山建筑四周树木严重被毁。现存树龄在 200 年以上者仅有 1600 余株。昆明湖沿湖尚存少量 200 年树龄的老柳。

清光绪时期，慈禧在清漪园废墟上修建颐和园，沿用了清漪园的树木规划，对万寿山松柏等进行补植，园林仍保持山地以松、柏为基调，昆明湖堤以桃、柳为主的风格。从光绪二十六年（1900）八国联军侵占颐和园拍摄的一幅照片看，万寿山上栽植的 3.5 米以上的大树较少，两米左右的小树较多，为保持植被覆盖还保留大量的杂树蒿藤。1994 年，专家在对万寿山上古松进行年轮鉴定时发现了许多光绪年间补植的树木，其中苏州街西侧 1 株油松，栽植于光绪二十三年（1897），为栽后第 4 年（1901）慈禧第二次修复颐和园时移植此处的。这些补植的树木说明慈禧在修建颐和园时，效仿了乾隆修建清漪园的植物培育手法。但由于颐和园是慈禧长期居住的行宫，园林与清漪园仅为御苑的性质不同，因此颐和园时期的植物和植被更注重名贵花木的培植和庭院花卉的造景。当时，园内各主要庭院布置的花卉多由各处进贡。乐寿堂院内的两株盆栽翠柏，来源于庆亲王进献给慈禧的寿礼（今乐寿堂院内的两株翠柏是根据此记载恢复的景观）。仁寿殿、乐寿堂院内各 4 株海棠，是光绪中叶从极乐寺移来的极品苗木，当时就很有名。排云殿东面的国花台，栽植光绪二十九年（1903）山东进贡的名种牡丹。光绪二十九年（1903）和光绪三十年（1904），各地的大臣进献慈禧大量兰花，供奉在颐和园。园内还用上等瓷盆栽植各色菊花，在光绪二十八年（1902）和光绪二十九年（1903）的重阳佳日，慈禧将数百盆黄菊和五彩菊送给各国公使馆和公使参赞夫人。当时，乐寿堂等处曾植有白杏、柿子，万寿山上有葫芦枣、白桑葚等植物品种。光绪三十年（1904），补种在昆明湖西面堤岸上的桃、柳，怒发新条，鹅黄浅绿相间成荫。美国女画家卡尔《慈禧写照记》中描述了当年园中花木的情况："颐和园中所植花草极多，草地上每经数步，亦有名花一堆，名花佳卉，无虑千百种，而新陈代谢，四时不断。""乐寿堂供列花草极多，香气扑鼻，令人心醉。斯时，蕙兰正盛开，其香幽雅淡远，太后亦酷嗜之。其花盆为古瓷所制，间亦有景泰蓝者。除兰花外又有莲花多种，奇馨醉人。太后平生酷爱鲜花，凡之寝宫、朝堂、戏厅及大殿等处，名花点缀，常终不绝。太后常以莲或茉莉之花冠，置于浅盆之中，其排列次序则做繁星状，既美观又不失香味。""湖心植有菱荷之属，华时，香气沁人肺腑。""太后酷爱葫芦，园中设葫芦棚多处。""果园中遍植苹果树千枝，郁郁葱葱，景色复佳。苹果往往以之为佛前之供品，称为圣品。"

1924年，末代皇帝溥仪被驱逐出宫，皇家园林颐和园收归国有。1928年7月1日，民国政府内政部颐和园管理事务所从清室办事处经理颐和园事务所接收的树木花草，只有盆花16种共454盆，包括大小桂花230盆、梅花50盆、丁香20盆、夹竹桃30盆、石榴30盆、凤尾兰16盆、木香12盆、无花果20盆、黄杨1盆、枇杷1盆、香橼4盆、月季8盆、迎春24盆、紫薇4盆、天竹4盆，而对园林树木未曾提及。1929年，在仁寿殿北花台、排云殿花台补植芍药。在国花台、仁寿殿、排云殿、湖光山色共一楼等处花台补植月季、玫瑰等。1930年，园内又增植了非洲菊、洋绣球、瑞江西番莲、盆栽柏树、蜡梅、黄梅、木槿等品种，为美化环境还购买了菊花，并在宜芸馆等处植美人蕉、四季海棠、金鱼海棠、龙头海棠、荷兰绣球、四季绣球、洋绣球、倒挂金钟、凤仙花、蓝翠鸟等草本花卉，增加了园林的花木品种。

1949年中华人民共和国成立时，颐和园的西堤地区还是清咸丰十年（1860）英、法联军破坏后的荒芜面貌。昆明湖自廓如亭以南的东岸及南岸、西岸与园墙间满生杂草，难于通行。西湖满生蒲苇，船只不能进入。后山上咸丰十年（1860）破坏的建筑残墙断壁中滋生杂树，满地荒草。前山、前湖地区花木有缺株，也多病虫害，失修、失养严重。当时北京市人民政府曾对园中植物进行调查，查得树木直径在3寸以上的总计9278株，其中侧柏6459株、油松397株、白皮松15株、杨145株、柳912株、榆732株、洋槐11株、国槐81株、桑143株、椿15株、楸15株、胡桃23株、合欢30株、元宝枫10株、白蜡7株、柿5株、梧桐 10 株、其他 268 株。著名花木品种白玉兰有 9 株，紫二乔玉兰 2 株，西府海棠 8 株，国花台上只有牡丹 7 株，排云门前太平花 2 株。养花园中土花洞中有：桂花 72 盆、梅花 26 盆、石榴 27 盆、夹竹桃 30 盆、迎春 40 盆、无花果 24 盆、木香 12 盆、丁香 4 盆、香橼 6 盆、朱锦牡丹 10 盆、橡皮树 10 盆、碧桃 2 盆、南天竹 1 盆、月季 15 盆、蔷薇 1 盆、枇杷 1 盆、铁树 1 盆、棕榈 2 盆。

新中国的颐和园，从专为皇家服务的园林成为人民的公园，植物、植被延续了乾隆时期的规划，但更注重游览和观赏性。公园贯彻落实国家保护文物的政策，在整修古建筑的同时，修复植物和植被环境。按照历史上植物配置的风格，公园进行树木补植、增植；在保护古树名木的同时，对园林进行大规模的绿化，并加强了管理的力度，使园林旧貌换新颜。1949 年雨季，公园开始种植马尾松，对平津战役中被砍伐的宿云檐以北柏林补植柏苗。补植东宫门前大影壁左右绿篱及行柏，并清出影壁以东广场上的摊贩，满栽花草于广场。1951 年开始，公园按照颐和园历史上的植物配置风格大量植树，补植、增植万寿山上松柏及昆明湖岸桃柳。1952 年增植玉兰，补植、增植原有树种，并为贯彻上级“四季有花”的要求增加新树种，有梧桐、楸树、国槐、元宝枫、合欢及迎春、山桃、杏、紫荆、榆叶梅、黄刺玫、丁香、连翘、木槿、紫薇、黄栌等。在后山植成紫薇路、连翘路，以丁香路更新原有树龄已老成行之杏树，以黄栌为后山秋色添新景，并试验榆叶梅春花秋开。公园对于严重缺株之牡丹花台，自 1949 年起开始补植，至 1957 年已达 500 株，同时试验牡丹防寒成功。补种原有乐寿堂东两院、无尽意轩前芍药花圃，又新增宜芸馆后花圃及在后山松堂前和后湖东岸两处花台增植芍药。培植大型观叶盆花，培育清宫遗留下的桂花佳种。自 1950 年起，开始繁殖大丽菊，年约 2000 盆。1956 年大立菊一盆开花最多达 380 朵，独朵菊最大花径达 52 厘米，悬崖菊最长达 116 厘米。

1960 年开始对西堤地区花木进行补植，并在后湖两岸进行重新绿化，共植树 9672 株，其中常绿树 4 种 3336 株、观赏树 10 种 3948 株、果树 4 种 1734 株、花木 4 种 654 株。品种有油松、云杉、桧柏、侧柏、柳、加杨、木槿、紫藤、江南槐、榆叶梅、碧桃、连翘、黄刺玫、白玉棠、丁香、山玫瑰、柿、苹果、核桃、花椒、太平花、月季、玫瑰、蔷薇。

1980 年后，按照恢复清漪园时期景观的要求，颐和园重新

万寿山绿化

设计绿化西堤地区。由于清光绪年间昆明湖三面增建园墙，无法恢复清漪园时与园外稻田连成一片的景色，于是按照昆明湖历史上以柳、桃争春为主的清幽风格，安排花木配置。设计范围包括原有西堤地区、凤凰墩地区及外移园墙所增加的地区。首要任务是清除堆积在凤凰墩与西堤之间的淤泥，恢复岛、堤分开原貌，并全面进行新植、补植。大量种植柳树、山桃、碧桃、黄刺玫、玫瑰、海棠、丁香、紫薇、红叶小蘗、紫叶李、金银木、沙地柏、西安刺柏、龙爪槐、连翘、栾树、桑树、水杉、探春、龙桑等多品种，进行不同花期的美化，并种植早园竹、若竹等多种竹类，更以地锦绿化园墙。1983 年开始在颐和园南园墙内地区首次铺草坪。至 1985 年 11 月，园内树木已有 115 种 32510 株，绿化面积达 46 公顷。其中常绿乔木松柏已占树木总数的 48%，保持万寿山松柏常青，名木玉兰已有 29 株，又恢复乐寿堂玉兰满院的格局。至 1989 年各种观赏植物（乔灌木、攀缘类、绿篱）共达 115010 株，初步恢复了清漪园时期的植物面貌。

从 1991 年 11 月至 1994 年 3 月，颐和园自筹资金，对全园的植物进行 3 年绿化调整改造工程，共清除碎砖乱石及建筑渣土数千吨，恢复了 14 万平方米的山形原貌，调整、种植树木 12.6 万余株，同时铺植了 20 万平方米草坪，栽植了大量花灌木、攀缘类、竹类等植物。到 2000 年，园内各种树木花卉 169 种，共计 408072 株，其中常绿乔木 19510 株，落叶乔木 10742 株，常绿灌木 1499 株，落叶灌木 56686 株，攀缘 107470 株，月季 2113 株，竹类 196123 株，绿篱 8196 株，宿根花卉 5733 株；

西堤桃柳

人工草坪达到 240000 平方米。新植的常绿乔木主要分布在万寿山地区，栽种高 4 米以上的松柏，保持乾隆时期“前山柏后山松”的风格。调整山上山下花木布局，保留中御路上成景的山桃林、成行的连翘路、丁香路，清除大量影响景观的杂树，并在宜芸馆改植青桐、乐寿堂花台改植翠柏。建谐趣园梅花区，乐农轩蜡梅、桂花区和丁香院探春区。种植落叶乔木以更新昆明湖堤柳为主，新植 4 米高垂柳，并以绣漪桥区为木香区。以万寿山为主，全山满铺草坪，达到“黄土不露天”。调整后的植物群落结构为：前山以常绿松柏树、阔叶树、栾树形成常绿阔叶混交林和针叶纯林；后山松堂以东分成 3 块：第一块以黄栌、山桃为主；第二块老沟地区为桧柏树；第三块中御路以北，形成针叶、阔叶混交林，此群落的阔叶树主要是元宝枫、洋槐、白蜡。松堂以西是以柏树为主的纯林。丁香路往东，是松柏树和桃树构成的混交林。中御路以北及苏州街以东，保持松、槲混交林，并有栾树、黄栌、丁香等阔叶树种。后湖北岸是以栾树和杨树为主构成的混交林。西堤植物以桃树、柳树为主，湖中水生植物以荷花为主，突出了皇家园林山青水碧、松柏常青、旷远舒展的园林意境，基本再现了清漪园与颐和园两个时期的植物群落风貌。其花木配置的景观效果，被园林专家称赞为“扶本正源、古园逢春”。

古树名木

古树名木是颐和园植物的核心，苍老遒劲的古树，构成了园林的古朴风貌。园中的1600余株古树,是自乾隆十五年（1750）园林修建以来历尽沧桑幸存下来的“活的文物”。它们与御苑相伴始终，是珍贵的自然文化遗存和重要的园林历史见证。中国古代即有“名园易得，古树难求”的立论，旨在追求苍老树型所含蓄的历史沧桑，从而获得人文景观价值。颐和园丰富的古木突出了皇家园林的苍然古色，与全园

万寿山古松

的风景构图和谐统一。

1949 年开始直至现在，古树名木始终受到国家和政府的高度重视，列为园林养护的重点。园中所有的古树名木，根据各自的树龄划分出保护级别，进行建档、拍照、编号，现均生长良好。

传统花卉

颐和园传统花卉由盆植、地栽及水生等各类园林花卉植物品种组成，延续了从元代开始的植物生态和花卉核心，反映了清代皇家园林的花卉养植特色。在建园历史上，花卉的品种精良，数量也占据一定优势。中华民国时期，花卉养植相对逊色，仅保留了清宫的部分桂花。1949 年以后，大量发展盆花、草花，培育出众多的花卉品种，但园林依然以清宫遗传的桂花、荷花、牡丹、玉兰等为主要花卉品种。

大型盆植桂花品种来源于清宫，在 1928 年移交国民政府内政部的盆花清册上列有桂花 120 盆、小桂花 110 盆，共计 230 盆，占移交全部盆花之半，为数目最多的花卉，有金桂、银桂、砂桂 3 个品种。1950 年始，桂花列为本园盆花的重点培植品种，一直设专人培养。1951 年后开始进行繁殖，1963 年曾为各盆桂花分别编号建档，1971 年开始修剪花型。1973 年、1974 年由南方购进四季桂品种，至 1989 年除上述 4 个品种外又增加了一朵花两色新品种，数量达到 300 余盆，其中清宫留传树龄在百年以上者有 55 盆。由于品种优良，精心培养，颐和园桂花株大、花多、香味浓，3 层叶，3 年不脱叶，名列北方盆养桂花榜首，享有极高声誉。1958 年开始人工控制花期成功，能促其在中秋节及国庆节开花。1987 年后，桂花在室外过冬也试验成功。至今，每年的中秋节和国庆节，桂花满园飘香，最受游人喜爱。

荷花是颐和园主要的水生植物品种，从元、明时期的西湖开始相沿至今，曾享有“莲红坠雨”的美名，被誉为西湖十景之一。1949 年时，荷花主要分布在昆明湖北岸、西堤东岸直至绣漪桥及南湖一带。由于昆明湖水位不归颐和园控制，每年春藕生芽成长时，水位上涨，影响荷花生长。1956 年在昆明湖岸边种植荷藕 1 万棵，不见效果。1960 年谐趣园挖湖后，植荷 500 根，但

谐趣园荷花

因同样原因生长不好。1961 年又在西堤种藕 42 亩、廓如亭以南 3 亩、玉澜堂以西 10 亩，共计 55 亩，亦效果不佳。1964 年 7 月 14 日，周恩来总理来园，指示养好谐趣园荷花，为此设专门小组，控制水位，补植良种，加强管理，荷花种植情况略有好转。1969 年，为给全市河道供水，有关单位由西堤北头入水口至绣漪桥出水口深挖河道，西堤荷花全部损失。1977 年因谐趣园北部荷花受水上舞台影响受到损失，补植睡莲点缀。另外养云轩前、无尽意轩前、排云门内、清华轩内 4 处荷池，均进行清淤，荷花得到良好的保护。在小苏州河一带，栽植从塞外避暑山庄移来的古老而又耐寒的荷花良种，延长了昆明湖荷花的花期。1991 年昆明湖清淤以后，谐趣园荷花长势不错。对昆明湖北岸的荷花加装护栏，防止船只影响。1999 年后，在苏州街水面点缀黄、白睡莲，增加了景区的水乡情趣。

1991年的昆明湖清淤现场

牡丹是园内著名的庭院地植花卉，清宫时已经非常兴盛。当时园中的牡丹花台有多处：国花台 14 层，仁寿殿北花台 8 层、南花台 5 层。乐寿堂院内花台 2 座、东院 1 座。排云殿荷池南、北各 2 座。云松巢门前花台 1 座。宜芸馆后登山路东花台 1 座。后湖东岸 3 层花台 1 座。后山“松堂”以东山坡上 2 层花台 1 座。谐趣园内涵远堂前左右花台各 1 座。其中国花台、仁寿殿、乐寿堂正院为牡丹花台；排云殿院内，乐寿堂东、西院及谐趣园等处花台则植芍药。清光绪三十四年（1908）后，园林管理不善，花木缺损。中华民国时期曾有补植。至 1948 年底，全园只存有牡丹 7 株。1949 年夏，颐和园管理处从山东菏泽（曹州）购名种牡丹 400 株，请当地养花老技工，分植于国花台、仁寿殿、排云殿各处花台。1953 年至 1955 年研究牡丹耐寒性，由冬季扣盆改为套袋露地过冬成功。1954 年试验延长牡丹花期，也取得可喜的成果。自 1949 年以来，不但保持花台不缺株，而且保证花大叶肥，魏紫姚黄，色艳味香，花期控制在五一节前后。因此，牡丹是迎接五一国际劳动节的传统名花品种。

玉兰花“色白微碧，香味似兰”，在中国的栽培历史长达 2500 年，而北京在金元时就开始种植玉兰，明、清两代更广泛种植。因乾隆皇帝及其母亲喜爱这种生长在南方的珍贵花木，遂将其成片引种在清漪园乐寿堂一带，花开时誉称为“玉香海”。颐和园的玉兰品种有 3 个：白玉兰、紫玉兰、二乔玉兰。最古老的两株，被列为古树名木。1 株紫玉兰在乐寿堂后院，1 株白玉兰在乐寿堂西院，树姿婀娜，花形如杯，白者如玉，紫者清淡典雅，

乐寿堂玉兰

枝繁叶茂，花朵喜人。1949 年后，园内乐寿堂、玉澜堂、藻鉴堂、南湖岛及部分庭院、山地和西区等处陆续种植了许多玉兰花，使玉兰花成为颐和园最具特色的花卉品种之一。

园中的太平花原产于四川青城山里，为落叶灌木，枝干有高丈余者，花“似桃四出，千百苞骈萃成朵”，淡红者名“醉太平”，白色者名“玉真”。此花在 900 多年前，被川人称为丰瑞花，属珍品名卉。宋朝仁宗天圣年间，作为贡品献至汴梁（宋朝京都，今河南省开封市），仁宗赐名太平瑞圣花。金兵破汴梁时，移到北京。清朝在畅春园与圆明园等园均种有此花。清道光年间，因嘉庆帝庙谥为仁宗睿皇帝，睿与瑞音谐，道光帝令改花名为太平花。咸丰十年（1860）英、法联军烧毁“三山五园”，此花只长春园幸存两丛，遂移至故宫绛雪轩前，并繁殖花株。花色白，初夏花开，花期约半月，上午 9 时左右，香气颇厚，中午较淡，日落香气大放。慈禧太后重修颐和园，一部分移到排云门前，左右各置两丛，并以此分赐王公大臣及太监李莲英等。但自太平花移植北京后，由于气候条件改变，长年丛种，生长缓慢，枝干细小，花朵亦为单片小白花。1949 年，排云门前只存 1 株高不及 2 米，花叶衰败之株，将其移至云松巢前花台上，1957 年死亡。1980 年后，在山色湖光后一楼后的山坡均有成片栽植，至今，园内多处栽种太平花，清宫佳卉的珍稀品种得到大量繁殖。

草坪

颐和园中有野生草坪（草本自然植被）和人工草坪两种，均为美化园容、保持生态平衡起着极为重要的作用。清乾隆时期，园林草本自然植被种类繁多，物种丰富。前山二月兰、紫花地丁、牵牛、蒿属菊科植物及禾本科等各类杂草较多，后山蕨类及各类阴生植物半夏、猫耳草、卷柏、粉背蕨、酢浆草、石胡荽等分布广泛。湖边周围湿生、沼生植物种类繁多，蓼科、唇形科广泛分布，有些植物为园林特有物种，如花蔺、黑三棱等。园林始建时，为尽快形成绿色效果，保留了大量绿色期短、根系浅的双子叶杂草，但未有人工种植草坪。光绪时期，据清德龄著《慈禧写照记》中“草地上每经数步，亦有名花一堆”的描述，园内亦有人工草地。1938 年，为美化园林，曾在仁寿殿院内、长廊两侧及大门前铺设草坪，但由于缺少养护，未能生存。从 1949 年开始，园林重视植物养护，逐年发展人工种植草坪。1958 年大搞绿化，为做到黄土不露天，长廊一线大量铺植草坪，草种以羊胡草为主。

1965年，前山铺羊胡草草坪达到3670平方米。1981年至1988年，在昆明湖西堤、东堤、南岸铺野牛草草坪共计29862平方米。1991年至1994年全园绿化布局调整工程中，大面积铺种草坪，草种也多样化，有大、小羊胡草及早熟禾、沿阶草、野牛草、高羊茅、结缕草、黑麦草等多个品种，以人工混播的方式在仁寿殿、前山山坡、后山中御路两侧、谐趣园、苏州街及西区进行定植，面积达到240000平方米。在昆明湖沿岸大面积种草的同时，还保留了330049平方米的二月兰、紫花地丁等野花自然草坪，人工草坪与野花草坪相映成趣。充满生机的茵茵绿草与高大的乔木、丛生的灌木相互映衬而形成了明快、充满活力的对比效果和远近协调的多层次格局，营造出了园林优美清新的意境。

人文地理

颐和园所处的北京西北郊地区，自然风光秀丽，人文历史悠久。从辽金时开始，随着环境的开发，吸引了大量的金人来此聚居。金贞元元年（1153），皇帝完颜亮在附近修建过行宫。元代著名的宰相耶律楚材及其家族的墓地修建在瓮山的东南（今园内耶律楚材祠及耶律铸墓）。明代，聚居在西湖北岸的瓮山人家有百余户，大多为江南迁来的农人，他们在此开垦大片水田，这里呈现的是一派自然、恬淡、淳朴的村野风情。明代时瓮山和西湖的位置关系与现在并不完全一样。明弘治七年（1494），明孝宗朱祐樘的乳娘助圣夫人罗氏在瓮山南坡的中央部位建圆静寺（今天排云殿的位置）。《钦定日下旧闻考》记述，圆静寺“寺门度石桥，大道通湖堤。门内半里许，从左小径登台，精兰十余。左右精舍一间，据山面湖”。可见此时，昆明湖的前身西湖东岸的位置大约相当于瓮山中部，沿湖东岸的大堤“西湖堤”正对着圆静寺。山的西半部临湖，东半部则面临一片平畴田野。清初康熙时，内务府上驷院在瓮山后设马厩，凡犯有过错的太监均先发往瓮山铡草若干年，然后再行定罪。这种做法一直持续到乾隆十四年（1749）。

西湖、西堤

西湖、西堤自古就是北京西北部著名的风景地。元朝时有人将此地与杭州西湖相媲美，称其“西湖景”。《顺天府志》记载“西湖景，在玉泉山东，其湖广袤一千余顷。旧有桥梁、水阁、游船、市肆、蒲茭莲芡，似江浙西湖之盛，故名。”明万历十六年（1588），明神宗从十三陵祭陵回銮，临幸西山，登龙舟顺西湖而下，先期派人关闭下流水闸，使水与岸平。一时间，西湖白波浩渺，一望十里，非常壮观。到了明末，西湖附近的农人兴修水田，尽决诸洼，筑堤列塍，为菑为畲，菱芡莲菰，靡不毕备，竹篱傍水，家鹜睡波，西湖一带宛然江南风光，而长波茫白的气势已经减少了许多。从上述记载可以看到这处水域的盛衰情况。

元代是古代昆明湖水域作为自然淀泊的兴盛时期，当时西湖有两处极为重要的景观：一处是元文宗天历二年（1329）统治者在湖西北岸修筑的“大承天护圣寺”，寺庙规模宏伟、建筑华丽，又被称为“西湖寺”。寺前临湖并筑有驻跸、看花、钓鱼 3 座台阁，元朝皇帝经常来此游幸，是座兼有行宫性质的寺庙园林。另一处重要景观是西湖的东堤，由于北京西高东低的地势，这道大堤是北京城西部的防洪堤，因此被称为“西堤”。元代修建通惠河引水工程，北起瓮山西侧山下，南至麦庄桥附近，重新筑起 10 里长堤，习惯称为西堤。元代的西堤不仅是北京的重要水利设施，还是京城通往西湖的重要风景游览路线，它与昆明湖的变迁有着密切的关系。北京古籍中有许多关于西堤的记载：元代马祖常《西山诗》中的“凤城西去玉泉头，杨柳堤长马上游”，就印证了当年的西堤平坦宽阔，堤上杨柳合抱，是游湖赏景的必经之路。《元

昆明湖西堤

史》中亦有“帝王游湖，调卫士300堤上挽舟”的叙述，说明西堤上有很宽的纤道。当时，元朝的统治者常常“泛舟”游赏西湖。大都的官僚、显贵也纷纷“买舟载酒”“沿堤骑马”，竞相游览西湖。“西湖景”被誉为“壮观神州第一”。

明代的西堤，景色更为诱人，画家李流芳在其游记中这样描写：“出西直门过高梁桥，可十余里，至元君祠折而北，有平堤十里，夹道皆古柳，参差掩映，一望渺然。西山匌匒，与波光上下，远见功德寺及玉泉亭榭。朱门碧瓦，青林翠障，互相缀发，湖中菰蒲寒乱，鸥鹭翩翩，如在江南图画中。”文学家袁宗道的《西山十记》中亦描写：“每至盛夏之月，芙蓉十里如锦，香风芬馥，士女骈阗，临流泛觞，最为胜处矣。”《帝京景物略》描述西堤一带“水从高梁桥向西，河面及河岸偶宽偶窄，水底偶平偶不平，水声也偶有偶无，岸上间植垂柳，至极乐寺、真觉寺，有广源闸，上有麦庄桥，造成有疏有密，使水有明有暗流过，过桥后水加深，并且形成湖泊，湖北有堤，堤北有稻田豆场。西堤是地面堤，是官堤，没有人敢建亭、行船或打鱼，也无人敢采荷花”。因此，西湖中，荷花极为繁盛，花开之时，红花绿叶香气袭人。明代的西湖，经过历代劳动人民的辛勤耕耘环境更加美丽，环湖修筑许多寺庙，并出现了“泉液流珠”“湖水铺玉”“平沙落雁”“浅涧立鸥”“葭白摇风”“莲红坠雨”“秋波澄碧”“月浪流光”“洞积春云”“碧翻晓照”等10处著名的景色，春四月赏西湖景成为京城一时风俗。届时，京城男女老少经西堤而云集西湖。堤上“茶棚酒肆，杂以妓乐，绿树红裙，人声笙歌，如装如应”，情景极为壮观。至此，西湖不仅是京城重要的蓄水库，浇灌附近大片农田，还与西堤连成游览胜地，其幽美的景色使众多的游客陶醉，被赋予“一郡之胜观”的称誉。

西堤是西湖的东界，由于历史的变迁，堤岸在清代挖湖时被湮没于昆明湖底，因此有关西堤的位置和湖泊的范围，在学术界一直难以达成共识。1991 年，昆明湖开始了 240 年历史上的第一次全面清淤，随着湖底的显现，古西堤的遗址亦暴露出来。经实地考察发现，南湖岛东、西两侧的西堤遗址宽约 6 米，是用柏木钉与碎石、三合土建筑的堤岸基础。柏木钉每根长约 1.5 米，直径 10 余厘米不等。南湖岛东面堤岸遗址始于十七孔桥前东堤岸边，先向西，复向南，止于十七孔桥东面第八个桥洞下面。南湖岛西面堤岸遗址，位于岛西北方向约 100 米处，其走向始为正西，行 400 米左右，曲而向北，方向正对着今日万寿山西侧的石舫，消失于距湖岸 500 米处的淤泥中。从发现的西堤遗址平面分析，此堤由今日东堤岸边始，西接龙王庙，再往西北方向呈弧形状展开至青龙桥止。青龙桥是西湖的北界，南界在今龙王庙南，西界距玉泉山仅里许。与《山行杂记》中记载的“西堤北岸长堤五六里，龙王庙居其中”和《帝京景物略》中“道西堤，行湖光中，至青龙桥，湖则穷矣”等记载皆相吻合。西堤遗址的发现澄清了学术界有关西堤位置的各种不确切的推断，为今人提供了古昆明湖水域和堤界范围的直观物证。

好山园

好山园是1991年昆明湖清淤时，在距乐寿堂北面约100米、距耶律楚材墓西面约200米处的湖底发现的一处建筑遗址，占地面积约2000平方米。现场勘察有两处较完整的建筑基础，上面第一层是分口青砖，第二层是大块长方青砖，第三层是用三合土铺成的三层墁，最底层是三合土与碎石块、柏木钉混合做成的基础。柏木钉每根长约1.2米，最大径8厘米。在这片遗址上面，尚有许多柏木钉，或成行，或成方，纵横排列，埋深于湖泥之中。在清挖淤泥与发掘遗址的过程中，清理出许多明朝至清初的青花瓷片及少量明末至清初的铜钱等小件文物，根据遗址的地理位置和历史记载推测，此处建筑遗址应该是史界很有争议的“好山园”。好山园见著记载很少，仅在清乾隆十五年（1750）御制诗“题耶律楚材墓·诗序”中有：“墓在瓮山好山园之东，昔年营园时以其逼近园门……”证实在建清漪园之初，于瓮山东麓、耶律楚材墓之西确有好山园。但是好山园的建造年代和范围模式不详，许多人对该园是否存在有异议。1985年清华大学建筑系编写的《颐和园——中国皇家园林建筑的传世绝响》写道：“关于瓮山东麓的小园林好山园的情况，学术界有两种说法：一为明代私家园林，曾一度归宦官魏忠贤所有；一说建于乾隆初年，其位置紧邻耶律楚材墓园之西，可能就是清漪园玉澜堂前身。”查《天府广记》中王崇简“题耶律楚材墓”诗序，有“康熙戊申二月二十七日……断垄渐平，耕者及其址，石像仅存下体，余皆荡然。三十余年来，问之土人，鲜知为公墓者。墓西去半里，圆静寺僧犹能言其处……念此十笏残基，再数年皆麦苗黍穗矣”。此序只言及圆静寺，未提到墓西有园，仅述这一带为耕者有。并《长安客话》《宛署杂记》《帝京景物略》诸书中提到的圆静寺及山前耕者情景相同，说明好山园的建造应在康熙戊申（康熙七年）以后。乾隆十五年（1750）初建清漪园时的御制诗序中有“昔年营园时”之句，分析此园的建造应在乾隆初年。至于好山园的具体位置，于1991年昆明湖清淤中得以现场勘察。有正殿、配殿及游廊基址，可证明在乾隆十四年（1749）挖湖以前，该处确有建筑。遗址的发现为研究好山园的历史提供了形象的佐证。这弥补了颐和园昆明湖历史研究之不足，是一项有益于北京历史研究，有益于园林文化探讨的重要发现。

皇家园林

颐和园是中国清朝皇帝处理政务的行宫和避暑游玩的御苑，也是世界上现存古建筑规模最大、保存最完整的一座皇家园林。它运用了诸多具有创建性的艺术手法，因地制宜地在真山、真水中创作大山、大水、大园林，充分体现了人与自然的和谐，成为中国古代园林的典范之作。

颐和园以水为主，总体分为 4 个景区：1. 宫廷区（政治活动区和生活区）; 2. 万寿前山、前湖区; 3. 万寿山后山、后湖区; 4. 昆明湖西区。主体结构万寿山占全园总面积的四分之一，其余四分之三是昆明湖。园内以佛香阁为中心的造景体系，气势恢宏，将人工的追求归结为自然的审美情趣；7 万平方米不同形式的建筑，富丽堂皇，把宫殿式的景区装点得充满诗情画意，突出了皇家园林的修造主题。万寿山上既有耸入云端的高阁，又有巍峨的殿宇佛寺，昆明湖畔还分布着帝后的座座寝宫。深邃的院落、浓郁的花木，是中国园林所追求的典型环境。前山的开阔、后山的曲折，形成了强烈的对比。园中之园谐趣园虽然具有江南私家园林的风情，却与全园风格和谐统一。以万寿山、昆明湖构成的主要景区视野开阔，以西山群峰为背景，玉泉塔与万寿山上的建筑群体遥相呼应，水天之间形成了极具中国山水园林特色的美妙景观，集中体现了中国工匠高超的造园艺术和独特的创造才能。两个半世纪以来，颐和园以它的湖光山色和造景艺术，成为北京一处最具江南风韵的璀璨明珠。

园林始建于清乾隆十五年（1750），从建园至现在，经历了 4 个历史阶段，即清漪园始建（1750—1885）、颐和园重建（1886—1928）、中华民国时期颐和园公园的维持（1928—1949）、中华人民共和国成立后颐和园公园的维修和复建（1949—现在）。其间，曾在咸丰十年（1860）、光绪二十六年（1900）两次遭受帝国主义破坏，现存的园林规模是光绪时期在原清漪园基础上重新修建的，基本保持了乾隆时期的风貌。中华人民共和国成立后又按清漪园时的原样复建了几组大型的景点和建筑群，在保持颐和园完整的前提下逐步恢复和再现历史上完整的清漪园景观。

园林兴衰

中国园林是中国传统文化的综合载体，它在漫长的发展过程中逐渐形成了江南私家园林和北方皇家园林两大体系。颐和园是北方规模最大、保存最完整的皇家园林之一。它始建于 18 世纪中叶清代乾隆时期，原名清漪园，当时为清代的全盛时期。在皇家园林已形成相当规模的基础上，清漪园以巍峨雄壮的万寿山和辽阔浩渺的昆明湖、规模宏大的古建筑群、美轮美奂的园林精品及丰富的文物收藏等而使其在北方皇家园林中独具特色，它的独

1900年的颐和园

特风貌是当时政治、经济、文化发展水平在皇家园林中的综合反映。咸丰十年（1860），清漪园在第二次鸦片战争中被英法侵略军烧毁。光绪时期在原有清漪园残基上按原规模重建，并改名颐和园。光绪二十六年（1900）园林又遭受英、美、法、德、俄、意、日、奥八国联军严重破坏，但建筑主体和园林总体格局留存，光绪二十八年（1902）又修复了被损坏的大部分建筑，即为今日规模，1928 年正式辟为公园。1949 年中华人民共和国成立后，颐和园的山形水系、园林建筑、绿化树木、收藏文物和园外的借景环境，受到了充分的重视和保护。1998 年 12 月，颐和园被列入《世界遗产名录》。

清漪园

清漪园是颐和园的前身，始建于清乾隆十五年（1750），是一座以万寿山和昆明湖为主体框架、以佛香阁为建筑中心的大型天然山水园林，曾经清代乾隆、嘉庆、道光、咸丰四朝皇帝临幸。园林出现在中国封建社会最后一个繁荣时期，史称“乾隆盛世”，时年，在北京西北郊有 5 座大型皇家园林：畅春园、圆明园、玉泉山静明园、香山静宜园、万寿山清漪园，史称“三山五园”。清漪园是“三山五园”中最后建造的一座，也是中国最后一个封建王朝倾心建造的皇家园林。

乾隆九年（1744），北京西北郊最大的皇家园林圆明园完成了扩建工程，乾隆皇帝亲自书写一篇《圆明园后记》，夸耀这座园林为“天宝地灵之区，帝王豫游之地，无以逾此”，并且明白昭告“后世子孙必不舍此而重费民力以创建苑囿”。6年之后，清漪园在圆明园西面的西湖和瓮山破土动工。乾隆皇帝甘冒自食其言的非议修建这座园林，是因为瓮山、西湖一带自然天成的地貌环境是任何一座园林都不具备的。在西北郊先已建成的诸座园林中，圆明园和畅春园为平地起造，虽然以写意的手法缩移模拟江南水乡风致的千姿百态而作集锦式展开，但缺乏天然山水的基础，不能完全给人以身临其境的感受。静宜园纯为山地园林。静明园以山景而兼有小型水景之胜，但缺少开阔的大水面。唯独西湖是北京西北郊最大的天然湖，它与瓮山形成北山南湖的地貌结构，朝向良好，气度开阔。而且瓮山与西湖介于圆明园与静明园之间，山水、景观互为相连。再有，圆明园、畅春园、静宜园、静明园大都就于上代的基础而扩建，园林的规划受到以往既定格局的限制。而瓮山、西湖的原始地貌则几乎一片空白，可以完全按照设计者的意图加以规划建设，自始至终一气呵成。而且西湖从元、明以来已是西郊的一处风景名胜，有着神似杭州西湖的地貌环境。正是因为有了这些造园的自然条件，加上国家强盛的物质基础，第一代园主乾隆皇帝，经过精心策划和完整规划，将清漪园设计修造成为“三山五园”的景物构图中心，最终完成了中国历史上前所未有的一个包含着平地园、山地园、山水园的庞大的多种形式的皇家园林景观群体的建设。清漪园以昆明湖浩渺的水面为其特色，不但在塔、台、楼、阁的空间接续呼应上，填充、丰富了从畅春园、圆明园到玉泉山静明园、香山静宜园数十里空间的山水楼台点缀，而且以昆明湖为枢纽，在平面上将京西北部的皇家园林群体网络化成一个具有包括蓄水、灌溉、养殖、泄洪、输水在内的多种功能的生态景观水系，并通过长河与北京城内以紫禁城为中心的河泊分布连成一气。

清漪园的造园工程从乾隆十五年（1750）开始，至乾隆二十九年（1764）全部竣工，历时15年，共用银四百四十八万二千八百五十一两九钱五分三厘。园林的兴建，据乾隆自己说，开始是为了治理西湖的水患，后来因为有了湖山之胜，才点缀一些楼台亭阁。当时扩展西湖，使它的广度和深度比原来增加了两倍，对于漕粮的运输和海淀一带水田的开辟，有着积极的作用。事实上，乾隆兴建清漪园，并不像他所说的那样事前没有想到。早在扩展西湖之前，乾隆就派人到江南考察园林。乾隆十四年（1749）任命内务府大臣三和负责修建工程。同年十二月，动员了上万的民工，用了将近两个月的时间挖湖堆山，按照园林的要求，将这里的湖山重新安排了。

乾隆十五年（1750）三月十三日，皇帝发布上谕："瓮山著称名万寿山，金海（西湖）著称名昆明湖。"万寿山的命名，源于乾隆皇帝为母祝寿；昆明湖的命名，是乾隆皇帝仿效汉武帝在长安修造训练水军的昆明池。时年，昆明湖设水军战船，定时进行操演。此后，万寿山、昆明湖的名称，一直沿用至今天。

乾隆十六年（1751），乾隆的母亲钮祜禄氏年届60岁。为了祝寿，乾隆皇帝在改瓮山为万寿山的同时，特选择瓮山圆静寺旧址兴建佛寺"大报恩延寿寺"。七月，乾隆颁下谕旨，"以万寿山行宫为清漪园”，园林的名称正式出现。同时建立起管理机构，朝廷颁发了印信。清漪园建成后，其园林景观冠于北京西北郊诸座园林之上。自然的湖山之美，加之人工恰如其分的雕琢，深得乾隆皇帝的喜爱。敕几清暇，游娱园中，散志澄怀，题辞歌咏，留下了1500余首诗词、佳章、碑刻，赋予了这座园林“何处燕山最畅情，无双风月属昆明”的极高评价。关于清漪园命名的由来，清宫档案没有记载。后世流行园名源出《诗经·魏风·伐檀》“置之河之干兮，河水清且涟漪”之意，查原句的末一字为“猗”而不是“漪”，在《辞源》中“猗、与兮通，语辞也”。根据乾隆御制诗中“山称万寿水清漪，便以名园颇觉宜”等句，认定清漪园名源自昆明湖碧波清漪的水态。

颐和园的园林基础是清漪园奠定的。清漪园始建时的规模，比现在的颐和园要大。当时，仅北面由文昌阁至西宫门一带筑有围墙，园林的东、南、西三面，利用昆明湖水作为天然屏障。光绪十七年（1891），修筑颐和园围墙的时候，就将原来属于清漪园的一些地方划到园外去了。但是，清漪园的主要部分，特别是整个园林的布局，还保持着一个大概的轮廓，和今天的颐和园大体相似。

万寿山前山的建筑，经过帝国主义的两次破坏和光绪年间的两次修建，已经不是清漪园原建时的面貌，然而，高耸入云的佛香阁，金碧辉煌的排云殿，濒临湖滨的玉澜堂，背山面水的乐寿堂，转轮藏前的石碑，五方阁里的铜亭，“不依汀傍岸”的石舫，宛如彩带的长廊，其布局和当年的清漪园基本一样，只是有的建筑物的形状和名称已经改变了。变化最大的是万寿山的后山。清漪园时期，后山除惠山园（今谐趣园）外，在四大部洲、香岩宗印之阁、须弥灵境中轴线的两侧，还分布着许多建筑群。有结构宏伟的须弥灵境，景色清幽的清可轩、赅春园，有依山傍水的澹宁堂、绘芳堂、构虚轩、绮望轩，河的北岸，还有嘉荫轩和“看云起时”。长桥两侧夹水而建的买卖街，可以知道名号的就有数十家之多。这些建筑因咸丰十年（1860）帝国主义的破坏而成为废墟，仅留下苍松翠柏之中的多宝琉璃塔及残存的云会寺和善现寺等建筑物。直至1984年以后，陆续复建而成四大部洲、澹宁堂、绘芳堂、嘉荫轩、买卖街等古建筑群，逐步恢复了园林的原始面貌。

昆明湖是清漪园的重要组成部分。漫长的西堤和与它相连接的短堤，把昆明湖分为几个水域。广阔的湖面上，散布着几个大小不同的岛屿，岛上建造着不同形式的亭台楼阁。其中有结构精巧的藻鉴堂（在昆明湖西南湖中岛上），有以铜凤为装饰的凤凰楼（在凤凰墩上），有矗立于团城之上的三层高阁治镜阁（在团城岛上）。这些岛屿和建筑，或远或近，浮现于碧波浩渺的昆明湖中，构成封建统治阶级刻意追求的“海上仙山”。由于帝国主义的破坏，团城岛上仅存废墟。今天南湖岛上的建筑，重建于光绪年间。凤凰墩、藻鉴堂的修缮，更是在中华人民共和国成立之后了。

昆明湖的形状像杭州的西湖，建有六桥的西堤，也是和西湖的苏堤相似。乾隆曾经说过：“明湖仿浙西。”又说：“六桥一带学西湖。”甚至作为园外“借景”的西山，也是被当作西湖边的北高峰的。万寿山东麓的惠山园（今谐趣园），是模仿无锡惠山秦家的寄畅园建造的。尽管这两个园后来都发生了不同程度的变化，但是，如果把今天的谐趣园和寄畅园加以比较，还可以看到它们的相似之处。其他，如耕织图是模仿江南的水乡，买卖街则是模仿江南的城镇。但是，清漪园的景物并不局限于江南。南湖岛上的望蟾阁和西堤界湖桥（现称柳桥）北的景明楼，就是分别仿照武昌的黄鹤楼和洞庭湖畔的岳阳楼建造的。后山的一组包括四大部洲、香岩宗印之阁、须弥灵境在内的建筑，是模仿西藏的三摩耶式的寺庙。它和建于同一时期的承德避暑山庄外八庙中的普宁寺形式完全一样。咸丰十年（1860）曾被英、法联军焚为废墟。现在的香岩宗印之阁，是慈禧为了修建排云殿，迁走大报恩延寿寺中的佛像而兴建的，原来的三层高阁，已改为一层的殿堂。四大部洲则是 1984 年复建而成。

清漪园是被英法侵略军焚毁的。咸丰十年（1860）九月，英、法联军借第二次鸦片战争侵略北京，对城内金碧辉煌的宫殿和京郊皇家园林区进行了野蛮的掠夺，遇珍贵者攫而争夺，遇珍贵不可携的则以棒击毁。每个人都是腰囊鼓鼓、满载而归。十月十七日，侵略者又派出骑兵至“三山五园”点起烈焰。十月十八日，万寿山被焚毁。这座积聚了中华民族智能精华的皇家园林，在完整存在了 109 年之后，瞬息之间化为灰烬。园中珍物散失一空，仅有少数建筑残存。“玉泉悲咽昆明塞，唯有铜犀守荆棘”成为清漪园被毁后的荒凉写照。20 多年以后，光绪时期，慈禧在“三山五园”的废墟上，选中了具有湖山之胜的万寿山清漪园进行复建，并改名为颐和园。

颐和园

颐和园的修建工程始于光绪十二年（1886），是在清漪园的基础上，利用原有的山水、建筑、植物规划，按照不同的使用功能，通过复建、改建、新建景观建筑的方法完成的，保留了清漪园最精华的部分，所不同的是清漪园是御苑，颐和园是行宫，具有办公、居住、游览多种功能，当朝执政的慈禧皇太后每年的春、夏、秋季要在园内居住很长时间，由此，园林又被称为夏宫。

清朝末年，慈禧太后在垂帘听政的名义下独揽权柄。同治十二年（1873），在慈禧的授意下，皇帝载淳以“奉养两宫”为名下旨重修圆明园。当时清漪园内残存的建筑，部分被拆卸木料充做修圆明园之用。同治十三年（1874），这项工程由于众多大臣的反对等原因而被迫停止。光绪十一年（1885），清政府设立海军衙门，由光绪皇帝的生父醇亲王奕譞总理海军事务。光绪十二年（1886）八月，奕譞等奏请“修治清漪园工备操海军”“创办昆明湖水师学堂”，修复清漪园的工程由此秘密开始。至光绪十三年（1887），园内已完工的建筑达24处。重建清漪园的工程，在朝野上下引起很多猜想和传说，为安定民心，光绪十四年（1888）二月初一（3月13日），慈禧以光绪皇帝载湉的名义发布一道造园上谕，公开了这里的工程，并取“颐养冲和”的意思将清漪园更名为颐和园，作为她颐养天年的夏宫。光绪十四年（1888）十二月十五日，紫禁城贞度门失火，例由皇帝下诏责己，二十六日“上谕”，“所有颐和园工程，除佛宇及正路殿座外，其余工作一律停止”，但实际上园林工程并未停工。光绪十六年（1890），京畿遭灾，御史吴兆泰上折奏请节省颐和园工程，慈禧大怒，以光绪皇帝的名义传谕内阁，将吴兆泰严加议处。光绪十七年（1891）四月二十日，当园中佛香阁、谐趣园等大工程刚刚开始的时候，又降下了一道竣工的谕旨。四月二十八日，慈禧首次住进了颐和园，并从光绪十八年（1892）三月开始，每年来此居住数日。此时的颐和园工程并没有竣工，直到光绪二十一年（1895）四月，德和园、画中游等处仍在油饰彩画，排云殿各配殿尚在安装内檐装修。同年，海军衙门被裁撤，颐和园工程因财力不支而停止。颐和园计自光绪十二年（1886）实际开工之时起，至光绪二十一年（1895）停工，共计施工历时 9 年。

修建颐和园未按照清代宫廷工程的正常程序交由内务府和工部督修，而是由海军衙门承办，园林的每一项工程，都要由海军衙门出面包给承包商人，工程竣工后，要由海军衙门派人去验收，合格后交给颐和园管理大臣。当时有人戏称：海军衙门是颐和园的工程司。清宫一份档案上记载：光绪十二年（1886）十二月十五日，作为培训海军人才的昆明湖水操学堂开学，而这一天的未刻，主持水操学堂开学典礼的官员，又亲自主持了颐和园主要建筑排云殿的上梁仪式。为此，光绪皇帝的老师翁同龢在日记里写下了“昆明湖易勃海，万寿山换滦阳”的词语。“勃海”指北洋海军的真正操练基地山东威海渤海湾，“滦阳”则指位于滦河之北的承德避暑山庄，意思是把昆明湖充作渤海操练海军，用万寿山代替避暑山庄颐养游乐，借练海军之名行建颐和园之实。

颐和园既然由海军衙门承办，所需费用主要来源于海军经费。光绪十五年（1889）、十七年（1891）奕譞两次奏准：海军经费按例每年拨三十万两银子给颐和园工程。除此外，还有大臣“报效”捐税等。光绪十四年（1888），“为备海军要需及重修颐和园所需，总督张之洞认筹银一百万两，总督曾国荃、巡抚崧骏认筹七十万两，总督裕禄、巡抚奎斌认筹四十万两，总督刘秉璋认筹二十万两，巡抚德馨认筹十万两，李鸿章认筹二十万两，共计银二百六十万两。自光绪十五年（1889）二月至十八年（1892）五月陆续解往天津，汇存生息。所得息银，专归颐和园工程所用”。光绪十四年（1888）海军衙门奏准：“每年由洋药税厘中拨给海军经费的一百万两中，以二十万两修颐和园等处工用。”光绪十九年（1893）则“每年所收土药税厘尽数拨作颐和园修葺工程专款”。光绪二十一年（1895），户部奏准在土药税厘中每年提十五万两，作为颐和园岁修经费。光绪十七年（1891）奕譞奏准颐和园工程用款由供给海军的新海防捐中挪垫。在初始经费中暂行借拨颐和园工程银一百万两等。海军衙门不仅为颐和园工程筹措经费，还是颐和园的后勤供给和服务机构。衙门下设轮船工所和电灯公所负责管理颐和园中的汽船和电灯，管理人员算海军衙门编制，享受高额的薪金。由此海军衙门又被称为“新内务府”。修建颐和园究竟用了多少银两？社会上曾有八千万两、六千万两、三千万两、两千余万两、八百万两种种说法，但言者均无实据。

光绪十四年（1888），承办工程的机构“算房”曾对正在进行和准备进行的园内 56 项工程做了估价，这 56 项工程，共需白银三百一十八万余两。其中佛香阁需银七十八万多两，德和园大戏台等工程需银七十一万余两。谐趣园等工程需银三十五万余两。这 56 项工程，仅是颐和园工程的一部分，还有许多工程，特别是光绪十四年(1888)以前就动工甚至已经完成的工程,像仁寿殿、玉澜堂、乐寿堂、排云殿等建筑的估价数字一直未有查到，如果把全部工程费用加在一起，肯定是一笔比修建清漪园更大的款项。

颐和园的修建工程，是在慈禧的亲自主持下进行的，原打算全面复原清漪园时期的规模，她曾指派奕谓等人丈量清漪园旧基，绘具图式，又命样式房绘制有关的规划设计图纸，做了一系列的准备工作。但在修建的时候，由于经费筹措困难，材料供应不足，不得不一再收缩，最后完全放弃了后山、后湖和昆明湖西岸，而集中营建万寿山前山和南湖岛一带。光绪十七年（ 1891 ）的时候，昆明湖沿岸加筑了围墙，把原清漪园时的耕织图包括蚕神庙划出了园外。因此颐和园的规模比清漪园略小一点。园林性质由乾隆时的仅供游娱，变为可供居住的行宫，建筑形式也有了一些变动。园林格局虽大体上沿袭了清漪园时期的规划，但一些建筑的名称及使用功能与清漪园时有了区别。园林中的寺庙比清漪园时减少了许多，而居住建筑和行政后勤等辅助建筑的比例增加。原清漪园迤西的水域和万寿山后湖一带，除个别情况外，仅保存遗址不作恢复。与清漪园相比较，颐和园有两个突出的变化是：一是原清漪园佛香阁下的大报恩延寿寺改建成专为慈禧举办庆典的排云殿建筑群；二是在东宫门内仁寿殿北侧的清漪园宜春堂遗址上，兴建了高 21 米的 3 层德和园大戏楼。这两处建筑的外形和使用功能都与清漪园初建时的建筑大不相同，但在园林整体构景中，排云殿建筑群依旧按照清漪园大报恩延寿寺依山爬升的殿座叠落布局，保持了万寿山中心原有的清晰层次和蔚为壮观的磅礴气势。大戏楼远高于仁寿殿和周围的生活寝宫区，在其顶层，既能俯视眼下的层层院落又是眺望园内全景和园外借景的最佳观赏点；不仅满足了宫廷演戏活动的需要，还极大地丰富了园内东部的天际线轮廓，增强了全园建筑物排列的虚实对比关系。应该说，颐和园保存了清漪园造园的精华部分，虽然有些地方失去了清漪园时期的景观特色，但其所展现的规模，仍然是中国皇家园林的上乘作品。

光绪二十六年（1900），颐和园又遭受八国联军的严重破坏，光绪二十八年（1902）再次修复。

辛亥革命推翻了清王朝的统治，1912 年 1 月 1 日中华民国政府成立。2 月 12 日，清末代皇帝爱新觉罗·溥仪宣布退位。按照民国政府给予清室的优待条件，颐和园归溥仪私有，仍是由清室管理的皇家园林。1913 年 4 月 24 日，中华民国政府步军统领衙门以“中外人士纷纷要求瞻仰颐和园”为由制定《瞻仰颐和园简章》，规定由中华民国政府有关部门批准，然后通知清室内务府，实施有限制地参观的办法。1914 年 5 月 20 日，中华民国政府内务部总长朱启钤呈大总统，提出我国历史悠久、古迹名胜尤多，可仿西洋各国开放名胜供旅游，以收入保养名胜。京畿名胜如天坛、雍和宫、北海、景山、颐和园、玉泉山等处所，拟择一两处先行开放，并拟出管理章程。同年，步军统领衙门再与清室内务府商定“于开放游览之中，寓存筹款之意”售票开放。同时，溥仪命裁减官员并将圆明园并归颐和园管理。1924 年 5 月 23 日，溥仪派其英语教师英国人庄士敦管理颐和园。同年 11 月，冯玉祥发动北京政变，将溥仪驱逐出宫，并修改清室优待条件，收回了颐和园。溥仪出宫后，中华民国政府组织“清室善后清查委员会”，会同清室办事处将颐和园各殿宇陈设加封。1926 年成立清室办事处经理颐和园事务所。颐和园自 1914 年起一直售票开放，1928 年 7 月 1 日南京国民政府内政部接收颐和园，这座皇家园林正式成为公园。

颐和园公园

从 1928 年至 1948 年，国家多难，政局变幻，经济衰退，民不聊生。园林失于整修，票价昂贵，只为少数人服务。公园管理及服务均依清室管理时经理颐和园事务所之旧规。

1928 年，中华民国政府迁都南京，设有“国民政府直辖旧都坛庙园陵委员会”，并规定属于北平特别市政府管理之旧都坛庙园陵，设“北平坛庙管理所”和“管理颐和园事务所”两个保管机关。中华民国政府内政部还对旧都坛庙园陵进行了调查，有《调查颐和园记》《调查圆明园记》《调查稻田厂记》。在清室经理颐和园事务所时，兼管圆明园和稻田厂，北平特别市政府设立颐和园管理事务所，仍兼管圆明园和稻田厂。

中华民国初期对清灭亡后失修失养的颐和园只抢修倾圮的荟

日本赠送慈禧的永和轮

亭、下沉的石舫。1930年，将宫廷文物开辟陈列馆。1934年，为避战乱将颐和园古物南迁。在1937年“七七事变”后的7月31日，日军入园，颐和园停止开放四月余。在敌伪政权期间，为粉饰太平，虽整修油饰长廊、益寿堂少数建筑，但对百余处需修古建筑均未整修。而大事宣传“中日亲善”。接受日本赠送的樱花，将已沉入湖底的日本国赠送慈禧太后的永和轮打捞整修，陈列于樱花树下。又将御用人力车及宝座、书案、掌扇等或赠或“借”给日本。甚至在1945年8月日本投降前夕，为“大东亚圣战”献铜，将铜亭内的铜桌及殿堂前的铜缸、铜香炉等运往天津，供给日军制造军火，所幸铜件尚未出海而日本投降。自敌伪政权末期，货币开始贬值，抗战胜利后，物价飞涨，公园经济入不敷出，公园管理更入困境。以致 1948 年底,颐和园一片荒芜,古建破旧,文物残损，花木凋零，竟有狐狸出没于后山及西堤，有丈余长的大蛇蛰居藻鉴堂岛上。转轮藏、画中游、敷华亭等古建筑因有倒塌危险而禁止游览。颐和园已失去皇家宫苑的风貌。

1948 年 11 月，解放战争“平津战役”中，中国人民解放军完成对平津之包围，12 月傅作义“华北总部”军队进入颐和园，在后山及北宫门外建碉堡挖战壕备战。12 月 12 日，解放军先头部队抵达距北宫门只数百米远的南河桥。中国人民解放军遵照中国共产党保护文物古迹的政策，绕道进军石景山，迫使颐和园守敌不战自退，颐和园免于战火，先于北京解放。

1949 年北平改名北京，定为中华人民共和国的首都。颐和园作为当时全国最大的皇家园林和首都最大的公园，在中国共产党和中央人民政府保护文物古迹的政策下，得到中央、北京市各级领导的重视，并得到特殊政策的支持。首先要整修作为民族宝贵文化遗产的园林。开国大典后，聂荣臻在中央呼吁各大行政区资助整修颐和园，得到东北人民政府和西南、西北、东南各军政委员会捐助木材、水泥、桐油、杉槁、麻、布、赤金、颜料等物资，作价为颐和园整修专款。同时华北人民政府主席董必武批给颐和园修缮费小米 15 万斤。北京市人民政府亦尽力拨款支持。1950 年起，颐和园开始进行自光绪三十二年（1906）以后第一次对园林的全面整修。在 1954 年新中国成立 5 周年时，完成以全园中心建筑佛香阁为主的整修油饰；在 1959 年新中国成立 10 周年时，又完成以长廊为主的前山、前湖区各古建筑的整修油饰；至

1962 年新中国成立 13 周年时，再完成谐趣园等处整修油饰，使全园的古建筑基本达到慈禧主修颐和园时的面貌。同时，全面加强绿化养护，增植花木，延续颐和园春花、夏荷、秋叶、冬松的植物特色。全面整饬园容卫生，改变之前垃圾不出园掩埋于山坡的旧习惯，清除积存的垃圾，开展爱国卫生运动，使全园卫生如光绪七弟载涛先生所讲“比西太后住园时还干净”。1958 年卫生部部长在西堤检查时未发现蚊子，在国际会议上宣传为“奇迹”。1956 年至 1962 年，疏浚了自建园后从未疏浚过的昆明湖西湖和后湖，北京市园林局职工、全国学联大会代表及中央各机关干部参加了义务劳动。

1949 年后，颐和园旧貌换新颜。古为今用，这座皇家园林真正变成人民大众的公园。1951 年古物北返，回归的文物用来充实殿堂的陈列。并用了 5 年时间，将殿堂内装修、匾联和一切陈设进行修整，增加了解说，进行爱国主义的宣传和教育。利用颐和园古建筑，供大众休养和举办各种活动。

1949 年颐和园年游览人数为 24 万人，1965 年达 305 万人。按市政建设方针的要求，颐和园不只为劳动人民服务，更重要的是为中央、为政治服务。在开国大典之前，颐和园接待了多位中央领导，还接待世界各国政府首脑要员、第一届全国政协代表游园。中华人民共和国成立后，多次接待党和国家领导人和出访我国的各国政要及各届政协代表、人大代表游园。曾为亚太和平会议举办专场游园会。1956 年彭真市长举办大型游园会招待以印度尼西亚苏加诺总统为主的 51 个国家贵宾，中央首长除毛泽东外全参加。苏加诺总统在台上起舞。社会主义国家文艺团体访华均来游览颐和园，并与我国文艺团体联袂演出。颐和园为国家外交做出了贡献。

“文化大革命”初期，颐和园遭到破坏，还被改名为“人民公园”。1971 年，国内外形势发生变化，5 月 17 日颐和园恢复原名。10 月 1 日举办了国庆游园会，周恩来总理在听鹂馆举行国宴招待西哈努克亲王。在“乒乓外交”中，11 月为“亚非乒乓球邀请赛”举办大型游园会。同时，每年“五一”“十一”举办游园会，颐和园开始恢复对古建筑的整修油饰。

1972 年，成立中国共产党颐和园委员会。同年 5 月 1 日，遵照周恩来总理指示，恢复殿堂文物陈列，同时开始擦除古建筑苏式彩画上的涂盖，逐步恢复匾联，也恢复养花；并结合清仓核资工作，全面加强对文物的管理。

自 1972 年起，颐和园恢复接待国际贵宾。1976 年唐山地震波及北京市，颐和园由于落实了防震措施，全部文物毫无损伤。

1977 年至 2000 年，颐和园贯彻中共中央第十一届三中全会以来各项方针政策，加强景观建设，开展旅游，改革服务，提高公园管理水平。

自乾隆十五年（1750）至 2016 年，颐和园已有 260 多年历史。颐和园经历封建社会、半殖民地半封建社会和社会主义社会 3 个历史时期，从一个侧面反映了国家兴衰、社会改革的历史。

园林艺术

颐和园选址在风景如画的北京西北郊，万寿山和昆明湖构成了园林的主体框架，是一座集自然景观和人文景观为一体，在自然山水中加工建成的大型山水园。自然的湖山之美，是园林创作诗情画意的蓝本；独具壮观的地貌结构，又为造园铺垫了理想的环境。利用自然而又超越自然，创造并再现山水空间，将人造景观与大自然和谐地融为一体，是颐和园独特造园艺术的杰出体现。

以山水作为造园的框架，是中国古代园林的共性。颐和园精湛的山水布局，正是汇集了中国园林 3000 年的优秀传统和其他园林的精粹所获得的造园真髓。天公的赐予、巧匠的睿智、能工的技艺，使这座皇家园林“虽由人作，宛自天开”，成为中国乃至世界不朽的园林作品。颐和园的主体万寿山貌不惊人，但它处于北京西北部连绵峰峦的腹心地带，附近泉水丰沛，湖泊罗布，形成远山近水彼此烘托的优美自然风景。园林撷取了湖山得天独厚的地理条件，根据造园的总体要求，人们用挖湖的泥土填补了山体的不足，显露出山的造景优势。山的南坡平缓舒展，面对浩渺的湖面；山的北坡峰峦起伏，道路婉转，山脚下是一道曲折多姿的溪河。原始的山态，经过人力的加工，将分散的自然，组织成为一个和谐的整体，表现了颐和园对自然的利用和对美的追求。

碧波清漪的昆明湖是颐和园的主要特色，潋滟的湖光映衬山色，构成了中国园林中的绝世美景。昆明湖与北京城的形成发展有着密切的关系。约占全园四分之三面积的水域，是在天然湖泊的基础上经过自然变迁和历代整治最后于乾隆时期开挖定型的。当时，作为北京城最大的水利工程，昆明湖有为城市供水、农田灌溉等水库的功能，但湖面的堤岛、桥梁的分布，却又是造园得景的艺术构思。园林的修建，不但保留了这一带原有的山水田园风光，而且着意于表现更为典型的江南清雅娟秀的风情。它既满足了乾隆皇帝钟爱南国景色的情结，又为建于北方的都城在雄伟中增添了几分妩媚。

颐和园西部数十里以外的西山群峰和玉泉宝塔，从园内看去，一脉相承。起伏舒展的山脊，将浩瀚的天际与万寿山、昆明湖嵌合得天衣无缝，形成朝晖暮霭、色彩斑斓的绚丽风景。园中3000多间金碧辉煌的古代建筑，从每一个单体到它们之间的组合，被匠师们高度园林化之后，因地制宜的结构在自然山水框架之中，既表现出帝王苑囿雍容磅礴的气势，又充满了天然之趣，不失园林的婉约风姿。万寿山高度虽然只有58米，山势平缓，但它在远处西山群峰的屏障下，在近处玉泉山的陪衬下，小中见大，气势非凡，苍松翠柏，秀色葱茏。佛香阁耸立在苍松翠柏之中，起到了画龙点睛的作用。阁仗山雄，山因阁秀，将西山群峰和玉泉山塔影也都凝聚在以佛香阁为主体的画面之中，西堤一线的柳色，巧妙地遮挡了园林西部的园墙，扩展了园林西部的界线，山前的昆明湖又恰到好处地把这个画面全部倒映出来，展现出一幅江山如画的壮观图卷，中国造园家津津乐道的造园手法——借景，在颐和园得到了最好的运用和体现。园林以自然山水为框架，以佛香阁为造景主体，配以长堤、长桥、长廊等大尺度的建筑，立足于大园结构，在体量上大大超过以苏州园林为代表的江南私家园林，在皇家园林中也表现出独一无二的雄伟气魄和至高无上的皇家风范。其高超的结构技艺和丰富的艺术处理手法的高度统一，反映了中国传统造园的杰出成就。

总体规划

颐和园的总体规划始于乾隆十五年（1750）乾隆皇帝建造的清漪园。作为清代皇家园林鼎盛时期“三山五园”的代表作品之一，清漪园的全部建设工作始终由乾隆皇帝亲自主持，按照一个完整的构思，经过 15 年的营建，一气呵成。虽然经过帝国主义的两次破坏，光绪年间由慈禧太后重建的颐和园，在园林的用途、建筑形式等方面已经不能完全代表清漪园，但是园林总体基本沿袭了清漪园的规划格局，保存了清漪园的精华部分。

清漪园的规划设计思想是很明确的，在乾隆御制诗《万寿山即事》中叙述：背山面水地，明湖仿浙西，烟波之竺寺，花柳六桥堤。非常精练又写实地提示出清漪园的园林主体规划是以杭州西湖那样的自然风景名胜为模式的。万寿山、昆明湖处于西北郊风景名胜区的中心，园林总体规划的范围并未局限在园林的本身，而是以四围“三山五园”庞大的园林集群为骨架，园林内的景观与园外的香山静宜园、玉泉山静明园、圆明园等园林景观互为借资，相互协调，彼此构景。出色的总体规划设计，奠定了这座皇家园林在乾隆皇帝心目中的地位在“天宝地灵之区，帝王豫游之地无以逾此”的圆明园之上。

为了能与天然的大山大水所形成巨大空间相匹配，更为了显示皇家园林的皇家气派，颐和园中景点的体量都大于私家园林的景点，而绝非私家园林的那种小桥流水式的园林景观。尤其是在前山、前湖两个景区的重要景点均采用大体量的手法来体现。

佛香阁作为全园的主要中心景点，采用了高大的体量和巨大的尺度——借助山势而高出万寿山 18 米，不大不足以形成雄伟壮观的气势，不大不足以统领全园各个景点，就连轴线上的重要建筑群排云殿也以高大尺度来布局的。

园中其他重要的大尺度景点如下。

其一，长达 728 米的巨大长廊横卧在万寿山与昆明湖之间，当中有 4 座八角形双檐攒尖顶的大亭子，从而起到把前山诸多景点联系在一起的提纲挈领的作用，并把游人从入口引导到中轴线上的主要景点。

其二，长达 36 米的巨大石舫，比一般的真木船大，与乾隆的御舟“喜龙舟”大小相近。

其三，位于东堤的重要景点文昌阁，以 3 层阁楼建在 10 多米高的城关式基座上，城关四角还均配以角廊而形成高大的体量（慈禧重建时，改建成两层楼的式样）。与文昌阁相邻的知春亭为与其相适应也建成颇大的重檐四角亭。

其四，长达150米巨大体量的十七孔桥，远超过当时一般的实用桥。桥下孔游船均可划进、划出，桥东的廓如亭为八角屋檐攒尖顶，高大雄伟气派，面积达130余平方米，竟与苏州的残粒园150平方米的面积相近。

其五，玉带桥及与其同样大小、同样造型的绣漪桥，因其所在处为昆明湖的入水口或出水口，又是帝王们从水路来园或去玉泉山乘船的必经之地的实用桥，故其桥长达40米，宽近7米，而桥拱高达9米，以利御舟通行。

其六，为了与广达200余公顷的若大湖面相衬，为了弥补南部所借远景的平淡，湖中数岛景观中的主要建筑均建成高大楼阁以增大体量，也便于登楼观赏四周景色：治镜阁岛上的治镜阁为有内外双重城墙的圆形城堡，在内城城墙之上又再建起两层十字形的高大阁楼，它可与佛香阁相媲美，成为佛香阁的一个重要对景；藻鉴堂岛上的主体建筑藻鉴堂原是一组五开间两层楼，是建在岛上山丘最高处的建筑群；凤凰墩上建成四边敞阁凤凰楼，西堤上建有景明楼，为一组有一座正楼和两座配楼的建筑群；而南湖岛因原建有3层楼高的望蟾阁（嘉庆时被改建成单层的涵虚堂）而成为佛香阁的主要对景，从而形成湖中似仙山琼阁的特色景观。

造园总体规划对湖山原始的天然地貌做了全面的改造、加工和调整，为修造园林创设出“山嵌水抱”理想的山水骨架环境。规划后的万寿山前山、前湖浩渺辽阔，但由于堤岛的纵横布列并不显得空疏，湖泊的3个水域主次分明，各具不同的特色：里湖是宽千米以上的大湖，它与万寿山前山的轴线对位更突出了昆明湖主体水域的地位；外湖宽五六百米，各以一个大岛作为内聚景域的中心；西北水域以水网地带而呈现一派典型的江南水乡风貌。后湖利用挖溪河的土方堆筑北岸的土山，将靠近湖岸的宫墙隐蔽起来，以保持山水环境的天然之趣。北岸假山岸脚凹凸、山势起伏的处理均与南岸真山取得呼应，仿佛前者是后者的延伸以至于真伪莫辨。在后湖近千米的河道上，两岸山势平缓的地方水面开阔，山势高耸夹峙则水面收聚甚至形成峡口。利用这一收一放把后湖河道的全程障隔分成 6 个段落，每段水面形状各不相同，但都略近于小湖泊的比例，经过分段收缩、化河为湖的精心加工之后，漫长的河身免于僵直单调的感觉，增加了开合变化的节奏，成为园内的一处富有情趣并引人注目的水景。从辽阔的昆明湖前湖到万寿山西麓收缩为河道港汊在规划中是过渡性的转变，绕经后山则再变而成山涧溪河；全部水程犹如天然水系的缩影，把天然水景的主要内容：河、湖、溪、涧、汊、港、沟，表现为一个有流有源的、有节奏的渐变序列。

昆明湖开拓后，知春亭岛和玉泉山主峰、香山静宜园的宫廷区形成一条东西向的中轴线，这条轴线往东延伸交会于圆明园与畅春园之间南北轴线的中心点，它控制“三山五园”，成为一个园林整体集群的主脉。从玉泉山往东俯瞰，清漪园、圆明园、畅春园鼎足而成稳定均衡的构图，较之明代望湖亭观赏西湖之景，更富于精雕细刻的画意；从居高临下的香山往东俯瞰，则玉泉山、万寿山、昆明湖、圆明园、畅春园前后层次分明，由近及远镶嵌在迷茫的平畴田野上，宛若如锦似绣的江山画卷；

而玉泉山、万寿山又分别成为平地起造的圆明园和畅春园借景的主题。“三山五园”的位置分布为各园之间的互相借资、彼此成景创造了最佳的条件，而最晚兴建的清漪园（颐和园前身）大规模地形整治则对于这个庞大的园林集群有机整体的形成又起着决定性的作用。

景区划分

清代皇家造园严格遵循“宫苑分置”的规制，宫廷区紧接园的正门东宫门，而相对独立于苑林区。苑林区内则按山水地貌的结构，以万寿山的山脊为界，大致划分为前山、前湖景区和后山、后湖景区。宫廷区占地 0.96 公顷，仅为全园面积的 0.33%。乾隆时期的清漪园属于御苑性质，皇帝不在园中居住，一般也不进行政治活动，宫廷区实际上只有象征性的意义，仅作为东宫门建筑群的重点处理。宫廷区的位置选择在万寿山东南麓，昆明湖东北岸。外部交通距离皇帝居住的圆明园最近，能适应帝后“过辰而往，逮午而返”的一日游的最短行程。内部居于湖山交会的枢纽部位，无论泛舟或者游湖都很方便。

前山、前湖景区，是园林的主要部分。前山是万寿山的南坡，山麓沿湖为狭长的带形平地。这里汇集了 25 处建筑群和 18 处单体建筑，园中最大的佛香阁建筑群雄踞在中央部位，构成前山的南北向中轴线。前湖为昆明湖大湖，状似桃，是清代皇家园林中最大的一处水面。湖的西北端收束为河道，绕经万寿山的西麓而连接于后湖；南端收束于绣漪桥而连接长河。湖中布列着一条长堤、3 个大岛、3 个小岛。长堤“西堤”及其支堤将前湖划分为 3 个水域：里湖、外湖、西北水域。西堤以东的里湖水面最大，是前湖的主体，大岛“南湖岛”为湖的中心岛屿，也是颐和园最大的一座岛屿。通过十七孔长桥连接于湖东岸。岛与桥相结合又将里湖分为既隔又通透的南北两部分，南半部的中心有小岛凤凰墩，北半部近西北岸有小岛知春亭。

西堤西边的外湖水面较小，以支堤再划分为南北两个小湖；各有大岛藻鉴堂和治镜阁作为中心岛屿。前者建筑疏朗，后者整体成圆形城堡，上建多层的楼阁。外湖西岸的一个小台地上建小园林畅观堂。

西北水域位于外湖的北面，万寿山的西麓，以西堤北端及长岛小西泠穿插形成港汊湖泊纵横的水网地带。这一带的主要建置有水村居、耕织图、西所买卖街，以及若干小园林、小庙宇和庭院建筑群。

西堤上跨 6 座各式桥梁，以沟通前湖的 3 个水域，堤上还建一座景明楼。

前山、前湖景区的水面占 227 公顷，岛屿 9.3 公顷，山地 11 公顷，平地仅 7.5 公顷。它是以广阔湖面的水景为主、山景为辅的大景区。

后山、后湖景区大部分地段为万寿山的北坡，水面只有界于山的北麓与北宫墙之间的一条河道——后溪河即后湖。后山的坡势较前山稍缓，南北最大纵深达 280 米，山上及后湖一带分布着

13 组建筑群和若干座单体建筑。中央的佛寺须弥灵境是园内的一组大建筑群，它与横跨后溪河中段的三孔石桥及北楼门构成贯穿于后山、后湖的一条南北中轴线。

后溪河从西端的半壁桥开始到东端的惠山园止全长 1000 米，河中段的两岸建置园内的另一处水街——后溪河买卖街（现称苏州街）。北楼门是颐和园的主要园门之一，乾隆时期皇太后到须弥灵境拈香礼佛每次直接由此门入园，乾隆也经常在此处举行骑射活动，故园门采取楼门的形式，不同一般。

后山、后湖景区占地 24 公顷，为全园总面积的 12%，是一个以山地景观为主，兼有小型水景的较小的景区。

建筑布局

总体规划中的原则是人工的建筑美必须协调，从属于天成的自然美，在这样的前提下对全园范围内的景点做出统筹安排。颐和园的建筑布局体现了建筑形象点染、剪裁、补充天然山水风景的造景手段，使园林景点凝练生动而升华到诗情画意的境界。

万寿山、昆明湖的地貌结构具有从极幽邃到极开朗的大幅度变化，西郊“三山五园”作为一个园林集群，彼此之间存在着互相借资、成景的密切关系。匠师们利用这种特定的环境条件，建筑布局仿效风景名胜区的方式而着重在隐显方面经营。前山、里湖、外湖一带的大部分地段具有开朗的景观，景点的布置亦以显露为主，建筑群空间全部或大部分外向，个体建筑则多成楼阁的形式，以便充分发挥观景和点景的作用。幽邃的西北水域，景点多半是隐藏式布置，更增添了这里浓郁的江南水乡情调。

后山、后湖景区以幽邃景观为基调，景点亦相应地以隐藏式的居多。建筑群多半安置在水畔、山坳、谷地，空间内聚，或与局部外向相结合，因借幽闭的地势作为“山包屋”或者独立的小园林。而在某些制高点或显要部位，景点则为显露式的布置，如构虚轩、花承阁、须弥灵境。极目远眺园外之景，这本身就是景区内部成景的重要主题和园外玉泉山、红山口、圆明园一带的借景。这个景区的建筑既以隐藏式布置来协调环境的幽邃气氛，又因为穿插着一些显露的景点而使得人们的视野跳出景区的局限，感受到的空间效果就丰富多变，幽邃但不闭塞。

昆明湖大湖

里湖与前山相连成为前山、前湖景区的主体，景区内的绝大部分景点均沿着里湖布列。从南湖岛起始，过十七孔桥经东堤北段，折而西经前山，再转南循西堤而结束于里湖最南端的绣漪桥，形成一个漫长的螺旋形的景点环带，其中有以望蟾阁为中心的南湖岛、十七孔桥、廓如亭三者组合的均衡构图，以大报恩延寿寺为中心的前山景点集群，东堤和西堤一线的自然景色等。这个环带犹如一轴奇长无比的山水长卷画，通体的建筑布局有疏有密，疏密相间而对比强烈。在这个环带上，前山是重点和高潮，佛香阁与望蟾阁隔湖成对景呼应，主次分明，自然美与建筑美交替突出，呈现一种起伏的韵律。它是里湖舟游和环湖游览的观赏对象，也是景区甚至全园的精华所在。

外湖的两大岛屿及西岸的畅观堂诸景点也有类似的组景情况。组织大规模的风景画面是颐和园总体规划的一大特色，气魄宏伟，一览无余，这在其他皇家园林中并不多见。

万寿山前山面南向阳，濒临前湖，视野开阔，邻近园林的正门，由于具备这些优越条件而荟萃着众多的建筑，形成一个庞大的景点集群。前山是辽阔的昆明湖及环湖的东、南、西 3 面的广大范围内的主要观赏对象。它作为整个景区的“开面之处”，前山山形呆板，较少起伏之势，需要借助建筑形象的浓重点染来掩饰、弥补，利用建筑体量的高低错落来创造人为的起伏层次。因此，前山建筑布局的当否，就成整体景区乃至全园规划成败的举足轻重的关键所在。

中国古代的风景名胜区多有建置楼阁的传统，这些多层的楼阁或面临江湖，或位于山间水际视野开阔的地段，作为观景或饮宴的场所，也是风景区内最醒目的点缀。武昌的黄鹤楼、南昌的滕王阁、洞庭湖滨的岳阳楼等都因历代文人的游览登临、诗文题韵而闻名于世，著名的楼阁往往成为风景名胜的象征。清漪园大量建置楼阁、城关、市肆等，借助特殊建筑形象来表现一个景区或某局部景观的典型用意。前山、前湖景区的建筑布局，即利用楼阁建筑的这种象征作用来渲染风景名胜区的气氛，因此，清漪园内楼阁数量之多，形象之丰富，在清代皇家诸园中首屈一指；仅前山就有 11 座，位于山脊的昙花阁、半山上的佛香阁、转轮藏、爱山楼、画中游、借秋楼，沿湖的文昌阁、夕佳楼、延清赏楼、山色湖光共一楼等。分布在前湖的岛堤上的主要景点几乎全部是以楼阁的形式出现，耸直的建筑形象打破了湖面上过于平面的感觉，丰富了前湖的天际线。南湖岛北岸的 3 层高阁望蟾阁，登临其上可以环眺四面八方。乾隆《望蟾阁极顶放歌》具体描写此阁之得景情况：“畅春东望神仙区，西山真是西竺如，北屏万寿南明湖，就中最胜耕织图。”景明楼位于西堤南段的转折部位，楼的东西临湖，乾隆《景明楼》诗中颇能点出其得景之佳。望蟾阁、景明楼及凤凰墩上的凤凰楼，外湖中心岛屿上的治镜阁都是前湖一定范围之内的所有景点的构图中心。它们配合着前山的诸楼阁，星罗棋布于景区之内而与体量较大的佛香阁相呼应，好像众星拱月一样，把整个景区网络化。

中国山地的险要处、交通的枢纽地段一般都要建置城关作为军事设防的据点，历史上不少著名的城关至今犹在，城关也就成了山地的险奇、重要的象征。后山的建筑布局即利用这种象征作用来表现类似的特殊景观：赤城霞起与宿云檐扼守东、西两面入山的狭口；通云位居后湖买卖街的要路，寅辉据危崖，临深涧。千峰彩翠扼山脊之制高点，山道穿而过，颇有“一夫当关，万夫莫开”的气势，使山地的险奇景象更加突出。

皇家园林里面建置市肆作为一种娱乐场所，历史上早有先例，后起的仙都苑、南朝的华林苑、北宋的艮岳等都开列茶楼酒馆，模拟民间市井熙熙攘攘的热闹景象。圆明园也有类似的建置。清漪园则不止一处，西所买卖街利用水网地带的一段弯曲河道，后溪河买卖街利用山涧溪河的中段沿两岸布置为河街的形式，目的不仅在娱乐，也为造景——以特殊的建筑形象结合特殊的地貌而在北方的园林里面再现江南水乡的特殊景观。

园中有园是颐和园设计景观、继承传统、利用自然地形的很好的例子。所谓园中园就是在大园中又以院墙建筑或山石花木等相隔而形成相对独立的小园，它既是整个园林的一个部分，又可有自己小园的特点。这种园中园也起到了“以小衬大”的作用，衬托得整个园林显得更大，使全园景观更为丰富多彩。颐和园不仅以大山大水创造了显示皇家气派的博大壮阔的游览环境，而且又以园中园的手法创造了大空间环境难以做到的像私家园林那样小巧玲珑、亲切宜人、供近距离观赏的人文园林意趣。园中的单个园中园多采用私家园林造园的艺术手法。但因为它只是整个大园中的一小部分，而不是完全独立的小园，因此它又不完全同于私家园林那样可以旁若无人地自行其是地建造，也不完全同于其他皇家园林中的集锦园那样可以不断地接着扩建，而是在全园的统筹规划下，根据园内的自然地形条件来确定景点的数量与布局，并根据它在全园中乃至周围景点中的主次地位，充分利用所在地段的地形条件来建造。使其既具特色，又能与附近其他景点互相照应，并有机联系，成为全园中不可分割的一个部分。如幽静的后山两侧就建有 3 处园中园，看云起时对岸的绮望轩小园建在山石之上，园中轩楼斋亭一应俱全，由轩前两侧石阶下至石洞，由轩两侧的曲折游廊将全园隔成 3 个小院，各院皆有山石可赏；正对桃花沟的山坡上建有赅春园，这是一座假山与真山相结合的山地园，主体建筑清可轩是一座半嵌入天然岩洞中的建筑，该园室内陈设亦寻求自然情趣，轩内的宝座与御书案均为树根造型而别具特色；在中轴线西侧中御路北的制高点上建有构虚轩小园，它以垣墙相围自成妙境，以折廊石阶上下接连斋轩亭堂，曲折多趣，主体建筑构虚轩四面明窗以供赏景。

后山东侧的霁清轩小园也建在天然岩石上，并在天然岩石山凿成清琴峡而另具特色；在其南面就是最负盛名的园中园——惠山园（即今谐趣园），也是全园最大的园中园，占地 10 余亩，以其后溪湖水向东引进而形成以水池为中心的一座水园。园中的水池呈不规则形而更觉自然，水池周围疏密错落地布置亭阁楼榭，皆尽量贴边临水，再配以曲廊、隔墙、山石围合成个个小景，再以曲廊、平桥相连，池中植荷、养鱼。该园还尽力与天然的真山、真水相结合，将假山较集中地叠于北部山岗处，使其与真山的余脉相连，并使其山石走向与气韵都同真山连贯一气，以避免假山的感觉，并在开凿的石峡之中由一股长年不断的山泉沿石径层层跌落而形成瀑布、山涧等种种水景。该园处于整个大园主要游览路线的尾声，具有小巧玲珑、亲切宜人的园中园风格而更适宜于游人小憩静赏，成为大园中最动人的景点。而且它与霁清轩的关系处理得很好，形成一前一后、一高一低、一山一水互相呼应衬托格局，以至人们常把它们当作一个园。

前山的园中园较少，亦都在远离中轴线的安静之处，也较为自由。东侧小园扬仁风在窄长的园内布置了山石水池花木建筑，虽基本上对称布局规整的凹形水池，但池对岸以山石驳岸并接连一片不规则石山，再由山石叠成的石阶分两路而上直至高处的扇面形殿，这种布局也别有情趣；西侧的画中游亦可算是园中园，也是对称式的结构，是以爬山廊联系上下高低不同建筑围成三台两院，院中真山真石配以与真山石浑然一体的假山石，并使其错落有致，再配以白皮松为主的树木形成山林特色。

设计施工

颐和园的设计承袭了中国历代皇家园林“皇权神圣”这永恒不变的主题，将“普天之下，莫非王土”的皇权观念，演化成为“移天缩地在君怀”的规划立意。园林设计立意高远，纵贯古今。造景取材移天缩地，独具匠心。“巧于因借”而又“精在体宜”。湖山主体构思，追求“天人合一”的自然之趣，形神兼备地再现了杭州西湖风景区。万寿山前后主要景区以寺庙建筑为中心构筑了规模宏大的中轴建筑群。前山的主体建筑佛香阁，与山脊上的琉璃佛殿智慧海突出于层层上升的宫殿建筑群之上，恰到好处地控制了万寿山前山、前湖的整个风景区。宫殿的庄严与寺庙的神圣，烘托出神化的皇权和皇家的气势。山前浩渺的昆明湖水面布列南湖岛、藻鉴堂岛和治镜阁岛 3 座大岛，象征古代道家传说的神山仙境蓬莱、方丈、瀛洲，是从秦汉时延续下来的皇家“一水三山”的造园格局。金碧辉煌的楼台殿阁与碧波辽阔的湖水相映生辉，营造出统治者刻意追求的神仙境地。后山中部的四大部洲，以建筑的平面布局直接表现了华夏先民崇拜的佛国世界、宇宙天堂的形象，突出了中国古代“天人合一”的建筑主题。东麓山脚下的园中之园，又融入了江南宅院的妩媚风情。全园建筑构图严谨、气魄宏大，在艺术上追求皇家金碧辉煌的整体气势。儒、释、道三大文化，和谐倾注在充满诗情画意的湖光山色之中，既按照封建规矩，又不失天生丽质，构成了颐和园“意境”的核心。它正是中国园林建筑美与自然美融合一体的成功范例。

颐和园是中国现存皇家园林中唯一按照一个完整的构思、完整的总体规划，连续施工，一气呵成建造的。它区别于热河行宫、圆明园等几代皇帝不断扩建、增建，最后形成的集锦式的园林群组。它的建造以全国的人力、财力、物力和知识、艺术水平为基础，清代第四位皇帝乾隆亲自主持园林奠基，皇家园林的专门建筑机构样式房承担工程设计。作为皇家重要的“钦工”，颐和园的工程从绘制地盘图开始。地盘图是一种按比例绘制的建筑平面图，图上贴有红、黄两色纸条，标明建筑物的位置。然后，根据地盘图绘制出各种建筑物的立面图。立面图绘制得非常细致，连油漆彩画也表现得非常具体。在立面图的基础上，再绘制建筑物内部结构图，即大木图样。颐和园对工程的要求非常严格，许多建筑物的细部也专有图纸，如外檐装修窗户、槅扇的形式、纹样，内檐装修各种门罩的形式和图案，室内空间的划分等。如谐趣园殿堂的内檐装修，最初的草图只有寥寥数笔，而且是画在较粗糙的纸上，最后的成图则绘制得非常精细，并用黄绫底面装订成册，它本身就是一件可供欣赏的艺术品。设计师们完成各种图纸的绘制工作后，接着就是制作烫样。烫样是一种根据图纸按比例缩小了的模型。它和建成后的建筑完全一样，连一行行的瓦垄也非常清楚。掀开烫样的顶部，可以看到内部的装修。

颐和园的施工从清理清漪园废墟的渣土开始，到装修内檐和油漆彩画结束，经过了许多道工序，一砖一瓦，一石一木，都浸透着古代工匠的心血。工程所用的木材，采自全国很多地方的深山老林；各种规格的沉浆砖是山东临清的烧窑工匠们制造出来的；为了赶制佛香阁所需要的 184172 件琉璃什件，门头沟琉璃窑的工匠，昼夜不停地劳作了近 3 年之久；汉白玉和青白石料采自房山的大石窝；大量的硬木家具由广东等地的木工制作；绸缎和丝织品来自杭州、苏州、南京等地的织工之手。

颐和园的建造，运用了中国的传统工艺，反映出中华民族在建筑、环境、植物栽培和植物造景等诸多方面的工艺成就，至今仍具有现实意义。其造园的各种施工技术，反映了中国古代工匠的智慧和技巧。迄今，在许多园内建筑物和山体水面的处理上仍然显示出惊人的创造水平，甚至存在不易重复的工艺。颐和园的建造过程及其前身清漪园的建造，留有完整的施工档案和工艺做法标准，这些都是中国古代高超造园艺术最重要的实物例证。

园林集景

园林造景范畴中的“意境”是中国古典自然山水园区别于世界其他园林流派的本质特征。这种意境的诱发，体现在名景模拟、象征寓意、景题对联等艺术手法的综合运用上。如后山买卖街仿效的不光是江南风景，还有最具特色的苏州水街的市景。这里水有歧路，岸有曲折，港汊纵横，虹桥卧波，临水布置上百间店面，典型地再现了一幅江南水镇清秀妩媚的风景画。它的出现更加说明这座皇家园林能够从宏观上把天下万物包括城市景观都看作是大自然的组成部分，并在园林中加以艺术的概括。

造景作为一种造园的艺术手段通过人们审美活动中的联想意识来表达历史典故，渲染佛国天堂，写仿神仙境界。如西湖易名昆明湖是乾隆效仿汉武帝刘彻训练水军而在长安上林苑内开凿昆明池的做法。布列于昆明湖东、西两岸的铜牛和耕织图，既形象地表现了牛郎和织女这一古老的神话，同时也象征了帝王重视农桑的治国方略。

景题和对联以文字为媒介来扩大园林景观鉴赏的深度和广

度，这是文学艺术与造园艺术相结合的造景手段。颐和园内的百余处景点，每景都有景题，重要建筑还往往是皇帝亲自题署。这些景题用简明扼要的文字点出景物的精华，如三面临水的“知春亭”以岛上桃柳报春信而点出知春之意；“千峰彩翠”城关以其地处万寿山山脊，可观赏西面和北面的远山峰峦而得名。园内大量的对联更是以优美的文辞、细致的描写来点出情景交融的意境。如藕香榭的“台榭参差金碧里，烟霞舒卷画图中”，养云轩的“天外是银河烟波宛转,云中开翠幄香雨霏微”,宝云阁石牌坊上的“山色因心远，泉声入目凉”等都将园林景物进一步升华。

借景

借景是中国古典园林丰富园景的一种传统造园技法，将园林周围的景物有意识地引入园内，以增加园内景观与空间感。中国古代造园工匠多年积累的经验，在颐和园的景观设计中得到了充分的运用。园景设计不仅考虑到园内建筑和风景点互相配合借用，而且把四周的自然环境、附近的园林及其他建筑物也一并考虑在内。

西北郊造园历来都很重视远借玉泉山、西山之景，故明人有诗云“更喜高楼明月夜，悠然把酒对西山”。清漪园在开拓前湖时即已考虑到如何最大限度地收摄这个传统的借景，使得园林能远借园西数十里外重峦叠嶂的西山为远景，借林木青葱的玉泉山及山上的玉峰塔为中景，以园中不同的景点为近景，形成一幅幅美丽画卷式的景观。尤其是主景点佛香阁在远借的西山、玉泉山衬托下，在大片湖水的倒映中，形成极为壮丽的画面，这是颐和园的标志性景观。园北可借田野及远处的隐约山峦，园中阔大的湖面可远借天空中的天光云影，形成水天一色。园南与东南的大片绿野一望无际，形成西望重峦叠嶂，南望一马平川的不同景观并带有强烈反差，这种有虚有实的对比更富有景观变化，似中国画中的特意留白，可以从这里直望京师。

颐和园的前身清漪园从文昌阁以南的东堤到园南、园西基本不设园墙，以借周边园外之景，使园内景观与园外景观的自然联系得以保持，湖南岸近园界处的土阜上还建有畅观堂一组景点，堂内不仅可观湖景，更可面对溪田畅观农夫田中耕作等园外之景。

更为巧妙的是园西不设园墙，将王泉山脚下的田野农夫耕耘、村落上的袅袅炊烟、湖水之中随处的芦苇菖蒲、水禽出没飞游的一片江南村野景象借入园内，仅在西堤的数桥之间有数座草亭草房，与仿江南的水村居一道作远景，惟妙惟肖地营造了一处极具江南水乡特色的乡野景观。仅以一洁白高耸的形同玉带的玉带桥与堤上的绿树，就与借来的玉泉山和山上的玉峰塔及西山重重春山远景，在蓝天碧水的映衬下构成了一幅极具自然特色的极美景观。若登佛香阁高处极目四望，目光所至尽借园中，山峦平川、天光云影一望无际，京师轮廓依稀可见……成为一幅以颐和园为中心的极为开阔壮丽的大自然美景的全景画，使颐和园的有限空间扩大到无限。

位于万寿山西北侧的红山口是西山的余脉，主峰高出于地面约 50 米，前湖往西开拓越过万寿山，则外湖和西北水域一带，就能够收摄红山口双峰而构成与万寿山近景相呼应的完整的风景画面，这样园外又增加另一处借景题材。

颐和园景点的安排，建筑物的位置，朝向的经营都能够为观赏借景提供最佳场所，同时也作为取舍、剪裁以借景为主题或陪衬的风景画面的手段，充分做到“俗则屏之，嘉则收之”。玉泉山、西山是前山一带的借景物，例如，自东堤北段的若干景点隔湖西望，园外借景与园内景物浑然一体，嵌合得天衣无缝，堪称运用借景手法的典范之作。前山山脊西部的湖山真意俯借玉泉山，东部昙花阁俯借圆明、畅春诸园，都是园林借景的佳例。红山口作为里湖和西北水域一带北望的借景物件，也是畅观堂、藻鉴堂、治镜阁这些主要景点的成景主题之一。设计时为了不破坏这两处借景画面的完整性，在西堤以西都不建置体量过于高大的建筑物。为了强调这两处借景在园林成景中的重要作用，它们还分别与前湖两个岛屿上的景点取得联络而构成对景轴线的关系——里湖的知春亭与玉泉山顶的玉峰塔之间的东西对景线，外湖的藻鉴堂和红山口主峰之间的南北对景线，二者互成正交，作为全园建筑布局的轴线的基准。

移植名景

移植名景是清代皇家园林常用的造景手法。颐和园初建时仿建了各地名园胜迹，尤其是仿造江南一带的著名景点。但颐和园的仿建是仿其意而不是仿其形，是仿造被仿景点的创意与所表达的意境，根据所在地段的实际条件，按自己的实际需要来造园创作、设计景点，而非模仿其外形照抄复制。乾隆皇帝6次南巡，喜好汇集江南的风景名胜于一园之中，因此模拟名景的规划方案最为盛行，诗人王恺运《圆明园》中“谁道江南风景佳，移天缩地在君怀”正是这时期皇家诸园共同特征的写照。

清漪园规划的主导思想是创设一处园林化的风景名胜区，具体写仿园内著名的风景名胜自然就成为贯彻这个思想的主要手段，在规模和内容方面颇不同于其他的皇家诸园。

昆明湖模拟杭州西湖。杭州西湖以风景如画闻名于世，颐和园湖山的总体关系与杭州西湖的规划颇为相似，万寿山、昆明湖的总体布局即模拟了杭州的孤山、西湖。早在元、明时期，昆明湖的前身西湖即有神似杭州西湖的说法，文人笔下多以前者直接比拟后者的描绘，大量的诗歌吟咏点出了这一带的风光精华。乾隆在建造园林时抓住了这一主旨加以发挥，乾隆十五年（1750）命画家董邦达绘制西湖图长卷并亲笔题诗，诗中已透露出欲在近畿模仿杭州西湖造园的设想。他事先曾派如意馆画师到杭州收集有关材料，事后所写的诗文中也多次提及以此西湖（后为昆明湖）模仿杭州西湖的意图。开拓后的昆明湖，面积虽然比杭州西湖小一些，但它本身的尺度、与周围山峦的比例、环湖和湖中景点的布局却都神似杭州西湖；西堤及西堤六桥无疑是苏堤及苏堤六桥的写仿；万寿山西部的长岛又名小西泠源出孤山西麓的西泠桥；大报恩延寿寺在万寿山南坡的位置正相当于玄烨南巡修建的孤山行宫的位置。如果把西堤在昆明湖中的走向、与万寿山的位置拿来和苏堤在西湖中的走向、与小孤山的位置关系两相比照，则清漪园规划之以杭州西湖作为模拟的蓝本这一事实就更为明显，环湖三面不设围墙，园内、园外浑然一体。

颐和园模拟名景绝非抄袭，而是略师其意进行的艺术再创造，昆明湖与西湖，妙在似与不似之间，如西堤六桥虽仿苏堤六桥，只是仿照以苏堤六桥分隔西湖为内、外两水面，可以增加水面的空间层次，为避免整个长堤分隔会将活水隔成死水与景观过于死板，而间以六桥造成隔而不死、既隔又透的通透效果的意图。苏堤是纯人工堆造而走向笔直，人工痕迹明显，而西堤走向是顺其自然，在原湖与新扩水面之间随其弯曲，更具天然情趣。苏堤六桥桥上无亭，而西堤六桥中，除玉带桥外，其余五桥均设形式多样的重檐桥亭。堤上除有六桥外还有十余座楼阁亭房点缀其间，最突出的景明楼是以一主楼二配楼为中心的一组建筑群，从而使整个西堤景观与苏堤大不相同。更有创意的是湖中三大岛分别被置于以西堤及支堤分离成的 3 个大小不同的水域之中，这三岛或以桥相通，或以堤相连，或孤立水中，有着各不相同的变化，此外，还在大湖之中设了些

万寿山与昆明湖三岛

小岛，使湖中布局更为自然生动。各岛又均建造型各异的楼阁，形成的湖上景观与西湖已是各具特色。

凤凰墩模拟无锡的黄埠墩。凤凰墩是园中另一处江南名景的模拟，弘历在他的御制诗中多次指出:“渚墩学黄埠，上有凤凰楼。楼阁肖皇甫，画图传虎儿。”黄埠、皇甫即无锡城西北面惠山脚下大运河中的小岛黄埠墩，大运河水势南流至此处而河面骤广，小岛正当其中流之砥，岛因为小故名为墩，中有佛寺楼阁，风帆左右带以垂杨。当年风景佳丽，往来过客多有登临游览的。昆明湖堆筑黄埠墩，并在其上建置凤凰楼，楼上装有 3 尺高的铜凤凰式风标，其意图和构思即出于此。黄埠墩的西面隔湖屏列着惠山、锡山及山顶的龙光塔，凤凰墩的西北面隔湖屏列着西山、玉泉山及山顶的玉峰塔，若把这两个地处江南和北方的景观加以比照，不难看出凤凰墩模拟黄埠墩，不仅岛屿的大小位置很相像，周围

凤凰墩

的环境也颇有神似之处，则其造景的渊源也就十分清楚了。此外，西北水域沿万寿山西麓一带河道走向、长岛的穿插、建筑的配置，以及柳桥、半壁桥、荇桥、曲桥这 4 座桥梁的布局所反映的规划构思，显然是受到扬州瘦西湖的四桥烟雨一景的启迪。通过名景模拟，昆明湖所具有的浓郁的江南风光在其他皇家诸园之上。

颐和园内其他建筑景点的模仿多为仿其南方景点的原有意趣，而建筑形式和风格却基本都具有北方特色。如：第一，主景点佛香阁仿杭州六和塔而建，虽同为八角形平面，但阁和塔毕竟不同，通过仿其意，仿其下大上小，取其高大雄伟稳固的气势，变六和塔外 13 层内 7 层为三层四重檐的、四面透空的佛香阁，尤其是使其立于高大陡峭的巨大石台基上，这与六和塔大相径庭；第二,十七孔桥仿卢沟桥，但作为园中一景，它不像卢沟桥那样平直而被建成弧形，并变卢沟桥 266 米仅 11 孔为 150 米 17 孔，中间孔最大，而两侧依次缩小，使其轻盈地卧于湖面，宛若长虹而成为园中一大景观；第三，著名的园中园谐趣园（原名惠山园）仿无锡的寄畅园，但这座小园林只是仿其所造环境、布局规模，如巧妙利用惠山余脉与泉水建成八音涧，选择万寿山东端相近地形建造玉琴峡，运用自然之水建造自然淡雅的水池，其外貌并不像寄畅园；第四，两处买卖街不是仿某处特定街景，而是仿照苏州水街市景特色而建，以一河一街与一河两街分建两处，各业店铺鳞次栉比，街中小桥流水，船来人往，一派江南繁华景象，而建筑时却是北方店铺的式样，并不以真铺面大小而是缩小尺度建造众多铺面，成街也更显其大；第五，昆明湖三岛上所建楼阁及其他不少景点均有所仿，亦均为仿其意而建，四大部洲以西藏地区一座著名的喇嘛寺院桑鸢寺作为规划设计的蓝本。

寓意象征

颐和园辽阔的昆明湖中布置着大小不一的岛屿，而南湖岛、治镜阁、藻鉴堂 3 个大岛在园林平面构图中呈鼎足而立的布列形势，这种造景手法是中国皇家园林 2000 多年延续下来的一池三山的传统造园模式。园中用长堤把水面划分为几个区域，打破了昆明湖水面广阔的单调气氛，增加了湖中的景色。

中国从秦汉时开始，封建帝王为求仙通神而在宫苑内凿池、筑岛，模仿传说中仙人所居的东海蓬莱、方丈、瀛洲三座仙山，西汉建章宫的太液池首创一池三山完整的仙苑式造景，一直为历代皇家园林所沿袭。在清代皇家诸座园林中，三海御苑和圆明园都有这种造景模式的规划，但是前者由于地形的变化已消失其完整的形象，后者仅剩劫后的遗迹，只有昆明湖中的一池三山，至今仍然保持原貌。如果说西汉建章宫太液池是中国第一座具有完整形象的仙苑式皇家园林，那么 2000 多年以后的清漪园则是最后一座，也是硕果仅存的一座了。

三岛之一的南湖岛在昆明湖中的地位最突出，因而也是仙境塑造的重点。从岛上一些主要建筑的命名，如望蟾阁、月波楼及长桥上的“灵鼍偃月”题额等看，这组景点显然是以月宫仙境作为造景的寓意。望蟾阁 3 层的巍峨形象，雄踞于叠石嶙峋的高台

《万寿庆典图》中的清漪园望蟾阁

之上而濒临广阔的水面。衬托着蓊郁的丛林，上下天光交相辉映的南湖岛宛若山在虚无缥缈中，酷似宋人仙山琼阁画，故乾隆皇帝的《望蟾阁诗》有句云:“霄映漪光碧,波含倒影红。隔湖飞睇者,望此作蟾宫。”藻鉴堂南面临水的建筑群，形式类似圆明园方壶胜境，并取法于同样的神话题材。治镜阁做成水上城堡楼阁的形象，又是海市蜃楼的象征。

万寿山后山中部的四大部洲以西藏著名的桑鸢寺为蓝本建造，建筑群的平面布局象征着佛国的宇宙天堂。按照佛经里的释义：佛居住在须弥山，周围是咸海，海上四方有四个大部州，分别以方、圆、三角、半月四种形状对应佛家称为“四大”的地、水、火、风，人类即居住在这四大部洲上。万寿山后大庙南半部的建筑正是这种宇宙世界的现实形象，香岩宗印之阁象征须弥山，阁的前、后、左、右环建南赡部洲、北俱卢洲、东胜神洲、西牛贺洲 4 座大部洲。每一个大部州旁分建两个小部洲。日台在东、月台在西分列阁后。阁东南、东北、西南、西北分建黑、绿、红、白 4 座不同颜色的梵塔。修建的方式仅八小部洲、四色塔为纯藏式建筑，四大部洲及日、月台的下部平台为藏式，上部小殿为汉式。汉、藏结合的设计突破了中国传统的建筑模式，而以这种独特的形式兼具政治、宗教等多重意义并修建在皇家园林重要景区中的大型喇嘛庙建筑群在中国仅此一例。

昆明湖玉带桥的西北面原为一处有着江南水乡风韵的建筑群名耕织图，由延赏斋、玉河斋、蚕神庙、织染局及水村居等颇具江南特色的田园村舍组成。乾隆时期，耕织图与东堤的铜牛遥遥相对，象征牛郎、织女，寓意男耕、女织，这些是皇家造园形象布景艺术表达的手法之一。景区内有乾隆御书的耕织图石碑，玉河斋左右廊壁间嵌耕织图石刻。

宫苑建筑

颐和园的建筑是园林的重要组成部分，又是清代皇家建筑的代表作品，具有重要的历史价值和建筑艺术价值。其整体具有中国古代建筑的木构架、组群布局和园林艺术形象等特征，与园林同期修造完成。大部分建筑以构景的形式分布在园林大景区之中，与山湖、花木结合造景。园内现有古建筑 3500 余间，共 70000 平方米。各式亭、台、楼、阁、轩、馆、廊、榭、桥、舫等，形象丰富，有宫廷、游赏、居住、宗教、娱乐、交通等多种类型，并各具不同的功能。建筑的规模及尺度较大，讲究气势磅礴，注重轴线关系。建筑造型端庄、持重，色彩较一般园林浓丽，与湖山环境协调一致。以规整的布局方式和金碧辉煌的装饰，突出了皇家建筑严格的等级尊严和宫廷豪华的气派。园林于咸丰十年（1860）曾被英、法联军焚毁，重修时未能将全部原有建筑恢复，有部分改建与新建，但仍保持了建筑始建时的布局和风格特点。现园内砖石结构的建筑基本为乾隆时期的原物，其余大部分为光绪时期的建筑。

建筑形式

颐和园建筑为清代宫廷“官式”建筑，由宫殿、寺庙及各式园林建筑组成，以群体和单体构成基本形式。建筑群规模庞大，突出了全园的整体统一。单体建筑丰富多彩，几乎囊括了中国古代建筑所出现过的所有类型，殿堂厅馆、亭桥廊榭、塔台楼阁、轩舫肆关，应有尽有。所有建筑均符合清代营造则例的一般规范，同属一个历史时期的风格，有着强烈的个性特征，并具有实用的游赏功能和珍贵的历史价值。

建筑群

颐和园是中国皇家园林建筑体系中具有代表性的一个独立的、完美的园林建筑群。在这个大的景域范围内，100 余处景点中的建筑根据造景的需要，以各自的功能结合不同的山水地貌和环境条件，运用各种方式的平面布置和空间组合，又创造出多处大小不一、形象丰富的小建筑群体，它们以构成院落作为基本设计原则，体现了中国传统建筑群的布景艺术。

园内大小建筑群的平面布置，遵循了总体规划的原则，讲究科学和艺术的统一。建筑的手法采用了均齐对称、突出中轴线的四合院布局和自由活泼的小园林布置，以及对称与自由相结合的形式。园内重要的宫殿、寺庙及居住建筑群，主体建筑都位居中轴线上，两厢的次要建筑则对称地布列在中轴线的左右，组成向纵深发展的多进院落，排云殿、玉澜堂、乐寿堂等都是这种布置的典型范例。佛香阁和五方阁建筑群采用了“廊院”的形式，即以一座主体建筑为中心点，四周绕以围廊或用廊子穿缀次要的建筑物，这种形式直接受到密宗曼荼罗的影响，保存着唐代以前古老的院落格局。画中游、写秋轩等个别游赏性建筑群由于造景需要某种特定的总体形象，也采用了这种均齐对称的布置。园中之园谐趣园、霁清轩等独成一局的小园林，建筑的平面布局自由活泼，一般以一座主要建筑为中心，周围点缀轩、亭等小巧建筑，并以廊和墙等串联围合成为整体。园中还有许多组建筑群，采用了对称与自由相结合的布置，畅观堂中部为一正两厢的厅堂，周围则布置成灵活的亭、台。云松巢主体建筑是对称的庭院，与其相连的东院邵窝部分则自由布置。山后的绮望轩由于造景的要求，在临后湖的一面以正厅雄踞高台之上成对称布置，以突出峡口码头的险峻形式，而靠山的一面则完全布置为自由的小园林，以适应山林的环境。而建筑群在空间的组合又变化万千，适应了园林复杂的山水地貌和景观环境。建筑的手法采用了内聚、外向及二者相结合的方式。在谐趣园等比较幽闭、不能远眺观景的地域，其设置以庭院、水池、山石为中心，周围环列建筑和墙垣，形成向心的内聚小园林，以就近观赏为主。宫廷区的“内寝”及养云轩、清华轩、介寿堂等居住建筑群，设在平坦地段上，因受传统礼制约束，需要保持一定程度的私密，建筑大多是内聚封闭的四合院或三合院。而在前山山坡、前湖岸边和堤岛之上的庞大景点集群及画中游、畅观堂等，处于视野广阔的开朗景观地段，空间外向又借助居高临下的地势，建筑群往往全部或大部分显露在外，其群体和个体组合的形象构成了园林的点景。通过主要建筑物的外向空间的导向性来获得观赏他处景物的远眺效果，突出了观景的作用。后山和西北水域一带，总体地势幽邃而局部开朗，建筑群空间组合的特点是内聚与外向相结合，既能就近观赏又能在一定范围内发挥外眺观景的效果。园中具有宫殿建筑特色的有仁寿殿建筑群和排云殿建筑群，其中仁寿殿建筑群沿袭清漪园勤政殿建筑群，建筑形式与功能相同；排云殿建筑群则是在清漪园大报恩延寿寺废墟上改建，建筑形式及建筑功能均有很大变化。

单体建筑

颐和园的单体建筑几乎囊括了中国古典建筑全部的单体形式。各种殿、堂、楼、阁、轩、馆、廊、榭、亭、台、塔、桥、城关、牌楼等，为适应不同的造景要求，又创作成为多样化互不相同的形象。建筑的设计集中了清代“官式”单体建筑的精华，不仅有木结构，还有铜铸、石砌、琉璃、镶嵌等少有的结构，以杰出的形式、宏伟的气势，形成了颐和园独有的皇家风范。园内最大的木结构建筑佛香阁高 41 米，造型瑰丽敦厚。最精致的铜建筑宝云阁是运用中国传统的拨蜡法铸造出来的一座铜殿，高 7.7

米，重 207 吨，构造与木结构建筑完全一致，是世界上少有的珍品。最著名的石舫通长 36 米，全部用巨大的石块雕造而成，先进的内排水功能，又反映了中国古代建筑的科技水平。还有高达 21 米的 3 层大戏楼，长达 150 米、由 17 个拱洞组成的长桥等，都是中国古代具有代表性的作品。

殿、堂是园内宫廷、寺庙及帝后生活起居的主体建筑物，规格高，位置也比较重要。像宫廷区的主体仁寿殿、万寿山前山主体建筑群中的排云殿，生活区的主体乐寿堂、玉澜堂，德和园中的颐乐殿，后山中轴线上的香岩宗印之阁，谐趣园中的涵远堂，万寿山东部山脊上的景福阁等，都是体量庞大的建筑。在这些殿堂中，排云殿最为典型，它歇山重檐，黄瓦飞甍，雕梁朱柱，复道回廊，缀有仙人吻兽的殿角层层叠叠，加上耳殿和配殿的衬托，显得十分宏伟，蔚为壮观。殿、堂建筑一般位于一组建筑群的中心或一个小园林的重要部位，外檐为殿式或大式做法，内檐装修及陈设较复杂、华丽。建筑色调鲜明强烈，风格整齐严谨，结构复杂而又有条理，特别是在梁柱枋檩和中国古代建筑中特有的斗栱中，表现出古代工匠高超的建筑技艺。

轩、馆、斋、室在园内数量最多，是供帝、后一般性的游赏、休憩、饮宴用的场所，有些则为嫔妃的住处。建筑在功能上有很大的伸缩性，名称也常常混用。谐趣园北部山岗上的霁清轩，后山西部的绮望轩、构虚轩、清可轩等，都建在高旷幽静的地段，因山就势，既可远眺，又能近观。前山山腰处的福荫轩，平面呈书卷形，曲廊与石洞相接，地势也高敞安静。还有前山的湖山真意和意迟云在，均为典型的敞轩形式。前山的圆朗斋和后山的味闲斋等，都建在园林中幽深僻静的地方。而室、房一般都置于堂、馆的两厢或后部，像玉澜堂的配殿霞芬室、东八所内的寿膳房等，均为附属建筑。

楼、阁是园内的多层建筑，常建在显要的地区，以其突出的造型，来丰富园林景观的轮廓或控制一定景域，并成为登高远眺、游憩赏景的重要场所。著名的佛香阁，坐落在前山中心建筑群的高台上，金碧彩绘，琉璃瓦覆盖。建筑的外形呈逐渐向上收缩的金字塔式的构图，巍然耸立，气宇轩昂。它的高度、体积与万寿山比例适度，恰到好处地控制了山前的昆明湖面。长廊西部北侧的山色湖光共一楼，高3层，突出在长廊的平面之上，适宜登临观景。万寿山西部的澄辉阁，与两侧的爱山楼、借秋楼及其他建筑组成了极为丰富的群组。昆明湖东岸的夕佳楼及荇桥西面临水的迎旭楼，可观赏日出、日落，并突破湖畔建筑群平淡的轮廓，丰富了水面

山色湖光共一楼

的景观效果。谐趣园内的瞩新楼依山而筑，东面是 2 层，西面为 1 层，增加了建筑的情趣。园内还有两座戏楼，属楼的一种特殊形式。

园内众多的廊、桥、亭点缀于湖光山色之中，组成了自然而又有魅力的园景。廊在颐和园中的布局构思巧妙，长廊建在万寿山脚下和昆明湖北岸的狭长地带，它不仅描画出万寿山的南坡，亦勾画出昆明湖的北岸。谐趣园内，三步一曲、五步一折的百间游廊，沟通了园内的 5 处轩堂、7 座亭榭，把仅数亩的园林景物延伸得无比深邃。佛香阁四周的游廊，扩展了这座宏大建筑的体积，更显其庄重、庞大。园中各种各样的曲廊、回廊、长廊、游廊、水廊、花廊、抄手廊、爬山廊等，连阁串殿，绕水环山。从东宫门不远的德和园开始，到乐寿堂、宜芸馆、玉澜堂，通过长廊到排云门、排云殿，直到万寿山半腰的德晖殿，向西直到听鹂馆、石丈亭，这是一条包揽全园主要景物的游览路线。这条游览路线全部由廊连通着，迂回缭绕，绵延不断。宜芸馆后通往颐乐殿的廊，一边砌有廊壁，一边设有坎窗和槅扇，为廊中所罕见。从排云殿两侧，包抄到德晖殿的爬山廊，黄色琉璃瓦做顶，势若游龙盘空，气势雄伟。园中最多的是两面透空的廊，两柱之间，上有楣子，下有和栏杆合成一体的坐凳。还有半边封闭的半廊，廊壁上每间都开有一个不同形状的什锦窗。庭院内的抄手廊和爬山廊多采取这种形式。

亭子，是中国园林中重要的点景，颐和园深阔的空间缀有 40 多座亭，呈方、圆、菱形、六角、八角等形式。有的建在半山，有的建在山巅，有的临水，有的构于桥上，有的缀于廊子的中间或尽头，千姿百态，优美动人。建在山坡绿树丛中的含新亭，金碧亭角，朱红栏柱，若隐若现，弥补了乐寿堂后方山上的空白。写秋轩两侧对称的四方亭，都是双重檐、两层柱，和湖边的知春亭相似。画中游的一对重檐琉璃瓦亭子，平面呈八边形，但每边都不相等，是八方亭中的变格。荟亭，平面作两个相连的六边形，亭亭玉立在万寿山东部的山脊上。谐趣园中的小有天，嵌在廊子的转角处，和万寿山西部的同名亭子一模一样。“敷华”“撷秀”是两座建在假山顶上的亭子，周围石栏，四面门窗，对称在佛香阁的左右，是这座中心建筑不可缺少的陪衬。东堤上的廓如亭，是现存同类建筑中最大的一座亭，它与昆明湖上的十七孔桥和南湖岛连成一组壮观的风景。无处不在的亭丰富了园林建筑的内容，同时，还给人一处停留歇息，领略周围景色的场所。

颐和园以水景取胜，水多桥亦多。园中的桥梁有的横卧碧波，伸向湖心的岛屿；有的跨越后湖，通向山花烂漫的对岸；有的连接长堤，有的飞跨山涧。最大的十七孔桥长达 150 米，雄伟中透着玲珑娟秀的灵气；最小的桥名曰半步桥，仅有一步的距离。西堤上的玉带桥，圆身高拱，静中蕴藏着流动的韵律，宛若一条玉带，天然入画。谐趣园中的知鱼桥，桥身低平，以观鱼为主题。屋桥是颐和园桥的特色，西堤六桥中的柳桥、练桥、镜桥、豳风桥和石舫近旁的荇桥，都建有五彩缤纷的桥亭，有的长方重檐，有的八角攒尖，各具形态，和全园金碧辉煌的建筑风格统一。桥栏是桥上的重要装饰，颐和园中 30 多座桥，都有用不同质料、不同图案精心设计制作的桥栏，把这些桥装饰得多姿多彩。颐和园里的桥和它们清晰的倒影，在自然环境的变化中风姿绰约，气象万千，给占全园面积四分之三的水面增添了无限的景致。园中的临水建筑还有昆明湖中的石舫和长廊东、西临湖的鱼藻轩和对鸥舫，以及谐趣园内的洗秋和饮绿，均与园林水景结合得十分贴切。

颐和园中除要求对称的点景建筑外很少雷同，从屋顶、台基到墙面，变化多样，各有千秋。古代建筑中的悬山、歇山、硬山、重檐、卷棚、勾连搭、攒尖等所有的屋顶形式，在园内都能找到典型范例。还有不少连在一起的丰富多彩的建筑，顶部相互交错，既成功地处理了排泄雨水的问题，又使屋顶拼合在一起，十分协调。

建筑沿革

颐和园的建筑布局和建筑形式奠基于清乾隆十五年（1750），嘉庆年间，对惠山园（后改为谐趣园）等建筑有所修改。道光时期为缩减经济开支，减少了对园林的建筑维护。咸丰十年（1860）英、法联军焚烧清漪园，大部分建筑被烧毁。直至光绪十一年（1885）未再修复。

光绪时期，慈禧太后在清漪园废基上修建颐和园，多处工程沿用了清漪园建筑的设计、形式和做法。在颐和园建筑中，有的按建筑原名、原样重建，有的按原样重修但更改建筑名称，有的仍用原建筑名称但未照原样修复，有的在原址上改建并更改建筑名称，有的挪移了原建筑的位置，而且按照需要新建了建筑，并增建了昆明湖东、南、西三面园墙。由于财力不足，拆用了后山等处残破建筑的物料，仅修复了前山、前湖及谐趣园（惠山园）地区。光绪二十六年（1900），八国联军侵占颐和园，园内建筑遭受严重破坏，光绪二十八年（1902）再次修复，即今日建筑规模。颐和园建成后，每年有岁修经费进行建筑的维护，光绪三十年（1904）后，建筑开始失修失养。中华民国成立后，颐和园为清逊帝溥仪的私产，建筑未有维修记载。改为公园后，日伪政权对园内个别建筑进行油饰修缮。至 1948 年 12 月解放颐和园时，建筑残坏严重，已失去皇家建筑原有的风貌。

中华人民共和国成立后，在中国共产党和中央人民政府保护文物的政策指导下，颐和园一直把整修古代建筑列为园林管理的首要工作。在国民经济恢复时期，进行抢修。1951 年后，颐和园开始了历史上的全面修整。至中华人民共和国建立 5 周年，改变了中心建筑的残破面貌；中华人民共和国建立 10 周年时，前山、前湖地区古建筑焕然一新；中华人民共和国建立 12 周年时，基本恢复了慈禧太后重修颐和园时的园容。“文化大革命”中，古典园林被视为“四旧”，建筑只要求不塌不倒。1978 年以后，逐年复建咸丰十年（1860）被英、法联军烧毁而慈禧太后未能重建的古建筑，至 2000 年，园内大部分建筑已重现乾隆时期的面貌，且园内全部建筑遗址被列入规划，准备付诸实施。

始建

颐和园的前身清漪园始建时的建筑约有 101 处，主要以寺庙建筑为主，宫廷和游憩建筑次之。各座建筑分布区域如下：万寿山前山中心部位为大报恩延寿寺建筑群，包括天王殿、大雄宝殿、多宝殿、佛香阁、众香界、智慧海、转轮藏、宝云阁，寺的左下方为慈福楼，右下方为罗汉堂，是一组大型的寺庙。万寿山后山中心部位由下向山顶为须弥灵境、四大部洲及香岩宗印之阁一组汉、藏结合式寺庙建筑。香岩宗印之阁左为云会寺，右为善现寺。

万寿山山顶东部有千峰彩翠，东头为昙花阁，西头为清音山馆。

万寿山前山东部有含新亭、意迟云在、餐秀亭、重翠亭及写秋轩一组建筑。西部有邵窝殿、绿畦亭、云松巢及澄辉阁一组建筑。前山与湖岸之间，大报恩延寿寺以东有养云轩、无尽意轩，邀月门至寺前长廊一段中有二亭，中段南接临湖之对鸥舫。大报恩延寿寺以西有山色湖光共一楼、听鹂馆、浮青榭、蕴古室，寺前游廊一段至石丈亭，中段南接临湖之鱼藻轩。

万寿山东麓下有赤城霞起，山东北有惠山园、霁清轩。西麓下有西所买卖街、旷观斋、延清赏楼、贝阙、荇桥，隔河有小西泠长岛，有水周堂五圣祠。西麓下西南湖岸有寄澜堂西接石舫。万寿山后山后溪河之南，东有澹宁堂一组建筑、六兼斋多宝琉璃塔一组建筑、西有绮望轩一组建筑，味闲斋、赅春园、构虚轩各组建筑。后溪河三孔石桥左右南北两岸有买卖街、桥西北岸有嘉荫轩、看云起时。

万寿山下东南有勤政殿一组建筑，玉澜堂一组建筑，夕佳楼、宜芸馆一组建筑，怡春堂一组建筑，茶膳房等。

昆明湖东岸北端有文昌阁、耶律楚材祠，岸边小岛上有知春亭。东堤有廓如亭。有长桥与南湖岛相接，东堤南头有绣漪桥。南湖岛上有广润祠、望蟾阁、鉴远堂、月波楼、澹会轩。南湖中凤凰墩小岛上有会波楼。昆明湖西堤有柳桥、桑桥、玉带桥、镜桥、练桥、景明楼、界湖桥。昆明湖西湖南部湖中岛上有藻鉴堂一组建筑，湖西岸有畅观堂一组建筑。北部湖中有治镜阁，昆明湖西湖西北有耕织图一组建筑。

清漪园有大宫门、二宫门，均有朝房，居于勤政殿前。有北楼门在后溪河三孔石桥之北，居于后山中轴线上。有西宫门在后溪河西头之西，有东北如意门内达霁清轩，另有进膳门。园墙东起文昌阁，经大宫门，绕惠山园，经东北如意门、北楼门，西达西宫门。昆明湖东、南、西三面俱无围墙，以昆明湖水作为天然屏障。其建筑规模，比今日颐和园略大。

道光十八年（1838）六月十四日，构虚轩失火被毁；道光二十四年（1844）一月初七日，怡春堂失火被毁。为缩减维修的开支，道光年间拆除了乐寿堂西花园中的乐安和及凤凰墩上的会波楼，并拆除南湖岛上 3 层的望蟾阁，改建 1 层的涵虚堂。嘉庆十六年（1811），在惠山园内添建涵远堂，惠山园更名谐趣园，载时堂改为知春堂，澹碧斋改名澄爽斋，就云楼改名瞩新楼，另建澹碧敞厅。咸丰十年（1860），英、法联军烧毁清漪园建筑，在清宫档案中无记载。考证现存实物，颐和园中石牌坊、石桥、山石、碑碣及琉璃、砖石、铜铸建筑是清漪园时期原物。根据清漪园被焚后的老照片，以及重修颐和园的工程记录等材料，可明确清漪园幸存的木结构建筑有：涵虚牌楼、邀月门、养云轩、转轮藏、听鹂馆戏楼、山色湖光共一楼、留佳亭、石丈亭、寄澜堂、湖山真意、画中游、重翠亭、紫气东来、千峰彩翠、宿云檐、通云、寅辉、廓如亭、治镜阁、景明楼等，这些建筑在修建颐和园时有些进行了重修，如养云轩，基本保持了清漪园时期的建筑尺寸和形式；有些进行了改动，如听鹂馆戏楼改变了位置，转轮藏建筑群两座亭式建筑中的两座木作轮藏改变了供佛的形式；有些进行了重建，如景明楼；治镜阁任其荒废成为遗址。

留佳亭

重建

颐和园建筑重建于光绪十二年（1886），大部分利用了园林始建时的建筑基础，由于园林功能的改变及建筑经费不足，重建的建筑并没有完全恢复清漪园建筑的原样，有了一些变动：第一，在原建筑遗址上改建或新建。如原大报恩延寿寺上半部分的建筑恢复原样，而下半部分自多宝殿至天王殿的庙宇建筑基础，全部改建为排云殿一组备万寿庆典受贺用的殿堂；原罗汉堂、慈福楼两组佛寺改建为清华轩、介寿堂两组居住庭院；在原怡春堂遗址新建德和园大戏楼；在蕴古室一带改建西四所。第二，据光绪年间重修颐和园画样上写有照原样重建，但实际未照原样重建而是另加改建。如原佛寺昙花阁，改建为景福阁；原西所买卖街及小西泠取消，建成园林建筑；谐趣园、水周堂等亦有所改建；石舫舫身两侧加刻拨水轮，上面将中式舱楼改建为西式舱楼。第三，据光绪年间重修颐和园画样上写有照原样重建但未重建者，如治镜阁、赅春园、构虚轩、看云起时及后溪河买卖街等，均未重建而荒弃百年。后溪河买卖街当时也有改建为亭座的方案，亦未落实。西堤景明楼有复原画样，未有落实，而在遗址区修建多处草亭敞棚。第四，据光绪年间重修颐和园图样中明确未按原样改建，而另行设计的建筑，有在餐秀亭旧址上改建为书卷形的福荫轩；乐寿堂原为2层楼改为1层；文昌阁上原为3层阁改为2层；寅辉等城关上原有2层阁改为1层；清音山馆一组改建为湖山真意敞厅。第五，由于御苑被改为行宫，园墙内建寿膳房、御膳房，以及东宫门外各衙门设办公处所和升平署及供太监居住的大他坦，均为光绪十七年（1891）新建。昆明湖东、南、西三面增建园墙，将耕织图遗址划出园外，改建水师学堂。

重建后的颐和园，减少了寺庙建筑，增加了生活建筑。由于慈禧长年在园内垂帘听政，所以宫廷建筑成为园林的主位。建筑虽然在形式和用途上与清漪园时期的建筑有了一些区别，但是延续了清漪园建筑的精华部分，保持了清漪园的建筑风格，从现存的建筑中，依然可以看出清漪园建筑的轮廓。

复建

颐和园建筑的复建，从中华人民共和国成立后开始实施，其目标是在保证现有古建筑的基础上，重建咸丰十年（1860）被英、法联军烧毁而慈禧太后未能重建的古建筑，恢复清漪园时的建筑规划和景观完整。1980 年后，颐和园复建完成了后山四大部洲、苏州街、景明楼、澹宁堂等大型建筑群组，并对清可轩、绮望轩、花承阁、治镜阁等多处建筑基址进行了考察，对有些建筑遗址进行了规划、清理，准备完成复建。1998 年，收回被慈禧太后划到园外的耕织图。至 2000 年，园内大部分景区中的建筑，已重现出乾隆时期的历史风貌。

颐和园建筑与清漪园原建筑对照表

清漪园	颐和园
大宫门	东宫门（光绪时重建、易名）
南北朝房	南北朝房（光绪时重建）
南北群房	南北群房（光绪时重建）
二宫门	仁寿门（光绪时重建、易名）
南北九卿房	南北九卿房（光绪时重建）
勤政殿	仁寿殿（光绪时重建、易名）
南北配殿	南北配殿（光绪时重建）
茶膳房	茶膳房（现无存）
文昌阁（城关上三层阁）	文昌阁（光绪时城关上改建两层阁）
知春亭	知春亭（光绪时重建）
进膳门	奏事房（光绪时改建）
	电灯公所（光绪时新建，现无存）
耶律楚材祠	耶律楚材祠（光绪时重修）
玉澜堂	玉澜堂（光绪时重建）
霞芬室	霞芬室（光绪时重建）
藕香榭	藕香榭（光绪时重建）
夕佳楼	夕佳楼（光绪时重建）
	东三间（光绪时新建）
宜芸馆	宜芸馆（光绪时重建）
近西轩	近西轩（光绪时重建）
道存斋	道存斋（光绪时重建）
怡春堂	德和园（光绪时在怡春堂遗址上新建、更名）
后罩殿	大戏台（光绪时新建）

（续表）

清漪园	颐和园
	颐乐殿（光绪时新建）
乐寿堂（两层）	乐寿堂（光绪时重建、改为一层）
绿天深处	舒华布实（光绪时重建、易名）
虑澹清怡	仁以山悦（光绪时重建、易名）
水木自亲	水木自亲（光绪时重建）
后罩殿	后罩殿（光绪时重建）
	永寿斋（光绪时新建）
	东厢房（光绪时新建）
	南穿堂（光绪时新建）
	寿膳房（光绪时新建）
含新亭	含新亭（光绪时重建）
赤城霞起	赤城霞起（光绪时城关上改建为单层阁）
养云轩	养云轩（光绪时重修）
随香	随香（光绪时重修）
含绿	含绿（光绪时重修）
乐安和	未建无存
扬仁风	扬仁风（光绪时重修）
长廊	长廊（光绪时重建）
寄澜亭	寄澜亭（光绪时重建）
留佳亭	留佳亭（光绪时重建）
秋水亭	秋水亭（光绪时重建）
清遥亭	清遥亭（光绪时重建）
对鸥舫	对鸥舫（光绪时重建）
鱼藻轩	鱼藻轩（光绪时重建）
石丈亭	石丈亭（光绪时重建）
大报恩延寿寺	改建排云殿群组
天王殿	排云门（光绪时改建）

（续表）

清漪园	颐和园
钟鼓楼	东西朝房（光绪时改建）
大雄宝殿	排云殿（光绪时改建）
东西配殿	东西配殿（光绪时改建）
多宝殿	德晖殿（光绪时改建）
佛香阁	佛香阁（光绪时重建）
智慧海	智慧海（遗存，光绪时重修）
宝云阁	宝云阁（遗存）
五方阁	五方阁（光绪时重修）
罗汉堂	清华轩（光绪时改建）
转轮藏	转轮藏（光绪时重修）
慈福楼	介寿堂（光绪时改建）
无尽意轩	无尽意轩（光绪时重建）
写秋轩	写秋轩（光绪时重修）
圆朗斋	圆朗斋（光绪时重修）
观生意	观生意（光绪时重修）
寻云亭	寻云亭（光绪时重修）
瞰碧台	瞰碧台（光绪时重修）
千峰彩翠	千峰彩翠（光绪时城关上改建一层阁）
听鹂馆	听鹂馆（光绪时改建）
小戏台	小戏台（光绪时改建）
	贵寿无极（光绪时新建）
	东西配殿（光绪时新建）
山色湖光共一楼	山色湖光共一楼（光绪时重建）
云松巢	云松巢（光绪时重修）
邵窝	邵窝殿（光绪时重修）
绿畦亭	绿畦亭（光绪时重修）
澄辉阁	澄辉阁（光绪时重建）

（续表）

清漪园	颐和园
爱山楼	爱山楼（光绪时重建）
借秋楼	借秋楼（光绪时重建）
画中游	画中游（光绪时重建）
清音山馆	湖山真意（光绪时改建）
荇桥	荇桥（光绪时重修）
五圣祠	五圣祠（光绪时重修）
水周堂	澄怀阁（光绪时改建）
	迎旭楼（光绪时新建）
石舫	清晏舫（光绪时改建）
延清赏	延清赏楼（光绪时重建）
西所买卖街	未建
贝阙	贝阙（光绪时城关上改建一层阁）
浮青榭	未建
蕴古室	西四所（光绪时改建）
小有天	小有天（光绪时重建）
穿堂殿	穿堂殿（光绪时重建）
斜门殿	斜门殿（光绪时重建）
旷观斋	临河殿（光绪时改建）
寄澜堂	寄澜堂（光绪时重建）
	东西厢房（光绪时新建）
北船坞	北船坞（光绪时重修）
西北如意门	西北如意门（光绪时重修）
	德兴殿（光绪时新建）
西宫门	西宫门（光绪时重修）
半壁桥	半壁桥（遗存）
绮望轩	（未建、现存遗址）
看云起时	（未建、现存遗址）

（续表）

清漪园	颐和园
澄碧亭	（未建）
赅春园	（未建、现存遗址）
味间斋	（未建、现存遗址）
北楼门	北宫门（光绪时重建、易名）
三孔石桥	三孔石桥（遗存）
后溪河船坞	后溪河船坞（中华人民共和国成立后拆除）
绘芳堂	绘芳堂（1986年复建）
金粟山	金粟山（1986年复建）
嘉荫轩	嘉荫轩（1986年复建）
妙觉寺	妙觉寺（光绪时重修）
静佳斋	（未建）
通云	通云（光绪时重修）
后溪河买卖街	苏州街（1986年复建、易名）
须弥灵境	（未建、现存遗址）
东西配殿	（未建、现存遗址）
香岩宗印之阁	香岩宗印之阁（光绪时重建、改为一层佛殿）
四大部洲	四大部洲（1984年复建）
八小部洲	八小部洲（1984年复建）
日、月台	日、月台（1984年复建）
四色塔	四色塔（1984年复建）
云会寺	云会寺（光绪时重修）
香海真源	香海真源（光绪时重修）
善现寺	善现寺（未修）
寅辉	寅辉（光绪时重修）
南方亭	（未建）
花承阁	（未建、现存遗址）

（续表）

清漪园	颐和园
莲座盘云	（未建、现存遗址）
六兼斋	（未建、现存遗址）
多宝塔	多宝塔（遗存）
昙花阁	景福阁（光绪时改建）
东北门	东北门
霁清轩	霁清轩（光绪时重修）
清琴峡	清琴峡（光绪时重修）
奇秀亭	八方亭（光绪时重修、易名）
	军机处（光绪时新建）
	酪膳房（光绪时新建）
惠山园	谐趣园（光绪时重建、易名）
澄爽斋	澄爽斋（光绪时重建）
瞩新楼	瞩新楼（光绪时重建）
湛清轩	湛清轩（光绪时重建）
知春堂	知春堂（光绪时重建）
饮绿亭	饮绿亭（光绪时重建）
澹碧	澹碧（光绪时重建）
洗秋	洗秋（光绪时重建）
涵远堂	涵远堂（光绪时重建）
澹宁堂	澹宁堂（1995年复建）
云绘轩	云绘轩（1995年复建）
延绿轩	益寿堂（光绪时改建）
随安室	东西厢房（光绪时改建）
	眺远斋（光绪时新建）
	乐农轩、永寿斋、平安室（光绪时新建）
	自在庄（光绪时新建）

（续表）

清漪园	颐和园
延赏斋	光绪十二年（1886）改建海军学堂，光绪十七年（1891）修园墙时此景区被划出园外、存耕织图石碑及海军学堂遗址。1999年4月收回景区，2003年复建
耕织图	
染织局	
水村居	
畅观堂	畅观堂（光绪时重修）
怀新书屋	怀新书屋（光绪时重修）
睇佳榭	睇佳榭（光绪时重修）
	西宫门（未建）
耕织图船坞	西宫门（新建）
藻鉴堂	（未建、现存遗址）
烟云舒卷殿	（未建、现存遗址）
春风啜茗台	（未建、现存遗址）
南船坞	（未建、现存遗址）
柳桥	界湖桥（光绪时重修、易名）
桑苎桥	豳风桥（光绪时重修、易名）
镜桥	镜桥（光绪时重修）
练桥	练桥（光绪时重修）
界湖桥	柳桥（光绪时重修、易名）
玉带桥	玉带桥（遗存）
景明楼	景明楼（1992年复建）
绣漪桥	绣漪桥（遗存）
凤凰楼	（未建、无存）
东西南北殿	（未建、无存）
	新建宫门（光绪时新建）
廓如亭	廓如亭（光绪时重修）
十七孔桥	十七孔桥（遗存）

（续表）

清漪园	颐和园
广润祠	广润祠（光绪时重修）
澹会轩	澹会轩（光绪时重修）
鉴远堂	鉴远堂（光绪时重修）
云香阁	云香阁（光绪时重修）
月波楼	月波楼（光绪时重修）
涵虚堂	涵虚堂（光绪时重建）
治镜阁	（未建、现存遗址）

工程监修与建筑经费

颐和园的前身清漪园中，有群体及单体建筑 100 余处，均严格遵照清工部《工程作法则例》《万寿山工程则例》的规定修造，在尺寸、用料、着色等诸多方面，体现了皇家金碧辉煌的气派和宫廷建筑雍容华贵的特点。建筑修造时，首先由主管机构内务府样式房绘出画样、制作烫样，所有工程的图纸和烫样完成后，再由算房估算工价，经乾隆皇帝批准后指派总管内务府大臣和工部督修，招商进行施工。施工期间，乾隆皇帝不断亲临现场查看，下达旨意。如乾隆十六年（1751）九月初十日，内务府大臣三和传旨，“万寿山乐寿堂后游廊着郎世宁起稿画一色”；十月初三日又传旨，“万寿山后大殿两边画廊绘二十四诸天”等。工程期间，还设有万寿山工程处对施工进行管理和监修。凡上拨银两及施工支用银两，均由万寿山工程处办理，工程用银奉旨向广储司领用。乾隆十五年（1750）十一月，清漪园建筑工程从开挖湖面土方开始，至乾隆二十九年（1764）工竣，内务府大臣三和等奏称："通共领收过银五百六十九万五千六百三十九两六钱八分五厘。万寿山修建工程用过银四百八十九万七千三百七十二两三钱四分六厘，内除各项木植旧料抵银四十九万四千五百二十两三钱九分三厘，实净销银四百四十万二千八百五十一两九钱五分三厘。"

颐和园的建筑工程未按照正常的程序进行，而是由海军衙门承办。工程由海军衙门招商，共计有兴隆、广丰、义和、德兴、义恒顺、聚顺、德源、三成、聚丰、天利、广泰、德盛兴、隆聚等数十家木厂承接施工。出于历史的原因，"清宫档案"中没有此项工程开工、竣工的具体记录，从施工期间有关阶段施工的具体奏报时间看，实际施工自光绪十二年（1886）秘密开始，光绪十七年（1891）时工程公开，至光绪二十一年（1895）停工，工程进行了 9 年，未见如清漪园时期对于工程的管理制度，未见由承办官员赔修或罚俸等记载。建筑工程经费为 500 万 ~ 600 万两白银。

修建颐和园的工程，动用了大量物力与人工。如一座佛香阁实用各式琉璃什件 184172 件。仅寿膳房一处就用木料 1255 立方米，计重 1330650 斤。这些木料，要从开采地水运到通州，再从通州运到工地。而从通州到工地，要行走 30 公里。木料用大车运输，每车装 1500 斤左右，共装了 887 车。寿膳房是专为慈禧做饭的厨房，共有 8 个院落，只是颐和园建筑的很小部分，整个园林建筑工程，使用了多少木料，难以估算。再如排云殿承做内檐装修，计用南木匠 15749 工、锯匠 2863 工、雕匠 168216

工、水上匠 87699 工、镶嵌匠 989 工、包厢匠 146 工、裱匠 42 工，共计达 275704 工。又如为仁寿殿、乐寿堂、排云殿、颐乐殿等处殿堂制作悬挂匾联所用的镀金云头铜钉和铁挂钩，用大器匠 8687 工、锉刮匠 86755 工、红炉匠 24124 工、合对匠 8373 工、凿花匠 53672 工、锻匠 4778 工、发修匠 4778 工，共计达 191167 工。

光绪二十六年（1900）颐和园被八国联军侵占破坏后，光绪二十八年（1902）重修。派世续、继禄为承修大臣。工程监督官员有户部郎中成和、方培鑫、械兴，主事刘元弼、毓均、常志，工部郎中桂森、潘盛年，刑部候补郎中来秀、笔帖式九昆珠，内务府员外郎文煦、文荫。工程由源通、德兴、森昌、天德、恒德、兴隆、乾生、长春、义茂、天利、广丰、天和、隆和、永德、天象、天顺、祥和、广利、同茂、宝兴、三利、益昌、顺成、盛祥、永胜、广恩等木厂承修，工程用银四十三万一千九百十四两四钱七分七厘。

建筑分布

宫廷区

宫廷区位于东宫门至昆明湖东北角岸的平坦地带，这里襟山带湖，是园内水陆交通的枢纽，也是沿湖一带观赏湖山景色的最佳部位。有宫廷区，是中国皇家园林与私家园林的重要区别之一。按照皇家建筑“先宫后苑”的修造规范，这个区域的建筑格局与大内皇宫相同，使用了统一规范的标准。

宫廷区的范围包括以仁寿殿为中心的外朝和以乐寿堂为中心的内寝，一共九进院落，以及德和园、东八所、奏事房、电灯公所等辅助用房，是一组庞大的建筑群。各座建筑占据一定的地势环境，有各自的功能要求，通过严谨的区域规划，形成从东至西，贯穿外朝和内寝，呈“乁”形的规整中轴线。南面的东西向轴线，从东宫门外的广场开始至仁寿殿，由若干庭院构成外朝，是帝后驻园期间临朝听政的区域，主体为宫殿建筑群，建筑布局严整，为最高修建等级。这条轴线，东面正对着通往圆明园的御道、西面止于藕香榭外的临水码头，并和玉泉山成为对景。轴线在玉澜堂的庭院中央折而向北，贯穿玉澜堂、宜芸馆的四进院落，北

东宫门

端止于通往前山的大门。在宜芸馆后院中央折而向西，贯穿乐寿堂的垂花门及其东西配殿，西端结束于长廊的入口邀月门。在山与水的临界处，用彩绘游廊连接多座大型四合院落，构成帝后居住的内寝。整组建筑中轴线，既接引了通向园外和园外的各主要交通路线，把建筑群体与山水环境紧密而巧妙地结合起来，又体现了宫廷建筑于严谨规整中追求变化的特点，在建筑形式和布局上别具风格。

东宫门建筑群是颐和园宫廷区“外朝”建筑的前半部分，由宫门、朝房、影壁、牌楼及石桥和广场构成。建筑群沿东西方向依次排列，按照皇家建筑的统一模式，建筑逐渐升高，空间层次由旷到聚，形成一组格局严谨、布列有序的东西中轴线。

东宫门坐西朝东，正中门座装修 3 间实榻大门，每扇门上横竖各排列 9 颗镀金圆钉。明间面东悬挂光绪皇帝御书“颐和园”

金字大匾，匾上镌刻五方印章，分别为“光绪御笔之宝”“慈禧皇太后御览之宝”“数点梅花天地心”“和平仁厚与天地同意”“爱日春长”。宫门保持了乾隆时期的形式。门前，原为斜坡式台阶，1937 年 5 月 24 日，从圆明园安佑宫废墟上移来一块雕龙云路石，安置在台阶的中央。因云路石长度大，将原坡加长 3 尺。两边斜坡改为石阶。按照中国古代建筑的传统模式，东宫门前两侧，设置一对蹲踞在汉白玉石须弥座上的铜质猛狮，南雄北雌。宫门南、北两侧各有一座罩门。清朝，帝后入园走中间的大门，其余的人员分别由两边的侧门进入。

两座外朝房分列宫门前南、北两厢。清朝时为群臣候朝的地方，现分别是颐和园售票处、接待室及售品部。

红色大影壁立于宫门前广场东面，成为颐和园东宫门的屏障。影壁的南、北两侧有月牙河，上各架一座一孔白石平桥。

涵虚牌楼

涵虚牌楼在东宫门建筑群外广场的前方，木构三门、四柱、七楼。牌楼东额“涵虚”，暗喻湖波浩荡；西额“罨秀”，概指山色葱茏，巧妙地点出了这座皇家园林的基本特色。这座牌楼是从东面进入颐和园的第一座建筑，它不仅是东宫门建筑群的起点，又起到引景的作用。从圆明园一路行来，远远就可看到它的形象，而当近到它的跟前，万寿山佛香阁的景致正处在牌楼柱枋构成的画框之内。以空间的构图结合文学意境一开始便激发了人们对颐和园秀丽的湖山景色的联想。

仁寿殿建筑群是宫廷区“外朝”的中心，帝、后驻园时在此临朝听政，处理国务。主体建筑仁寿殿，修建为金銮殿的形式，与南、北配殿，南、北九卿房和仁寿门构成晚清王朝在颐和园内的政治活动区，是一组宏大的宫殿建筑群。

南、北九卿房在东宫门内南、北两侧，清代是六部九卿值班

仁寿殿

的地方。

仁寿门是仁寿殿建筑群的宫门，也是从东宫门入园的第二道宫门。乾隆始建清漪园时称二宫门，光绪十二年（1886）重建时改仁寿门。建筑为牌楼门、衙署仪门与寺庙棂星门相结合的形式，二柱一楼，门簪往上悬挂满汉文“仁寿门”额。牌楼的左、右各有一面青砖雕龙照壁，左右各有一个小随墙门。牌楼东侧左、右各设太湖石盆景两件。

仁寿殿及南、北配殿是该建筑群的主体建筑。进入仁寿门即到达仁寿殿前的庭院，门内以一块挺拔的巨大湖石作为屏障。绕过太湖石，正中是主体建筑仁寿殿，两侧为南、北配殿。仁寿殿前的露台上，陈列着 4 只乾隆年间铸造的铜鼎炉及铜龙、铜凤、铜缸各一对，上面有“天地一家春”的款识。院中还有一只造型怪异的铜麒麟。庭院中布置盘曲的苍松翠柏及散置的湖石。

仁寿殿原名勤政殿，光绪年间引孔子《论语》中“仁者寿”的语意改为仁寿殿。明间外檐柱间悬挂用满、汉两种文字书写的匾额“仁寿殿”，内檐匾额“大圆宝镜”。殿内明间正中有地平床，设象征封建皇权的九龙宝座，上方悬挂匾额“寿协仁符”，楹联：星朗紫宸明辉腾北斗，日临黄道暖景测南荣。仁寿殿南、北配殿，清代为大臣候朝的地方，现为售品部。

仁寿殿迤西、玉澜堂迤东的地段在清漪园时期是宫廷区与苑林区的交接处，按皇家规制必须加以屏障以严内外之别，故用假山、叠石、花木来代替墙垣和围廊，使得空间既隔又透，不失园林的气氛。这里有 3 条交通路线：一条从仁寿殿后门穿过青石假

仁寿殿内原状陈列

山的狭道进入玉澜堂，再由此穿过北面的宜芸馆转入乐寿堂，但慈禧封闭了玉澜堂后，这条道路失去了原来的作用。另一条由仁寿殿北侧穿过土石假山中的幽曲山径而西折到乐寿堂，往北进入后山，德和园建成后，这条道路变成位于东八所西墙外与德和园东墙外的一条窄道。再一条即现在从仁寿殿南侧穿过一带土岗曲径进至玉澜堂前，这条路线由封闭的建筑空间绕过弯曲的土岗的障隔，景色豁然开朗，一派湖光山色于不经意间呈现眼前，此为中国古代建筑“欲放先收”“欲扬先抑”造景手法的典型运用。

宫廷区的“内寝”以慈禧居住的乐寿堂为中心，包括玉澜堂、宜芸馆等几组大型四合院建筑群和德和园、东八所寿膳房等娱乐性及生活辅助建筑，是帝、后起居活动的区域。乾隆时期，皇帝、皇后居住在圆明园，这里仅为帝、后游园时休息饮宴的场所，属于苑林区的一部分。重修颐和园后，这里成为帝、后的寝宫。建筑采用北京传统四合院住宅的修建形式，各个院落按帝、后的礼制级别，在建筑布局和尺度设计上各不相同。全部建筑用游廊连接成为一个整体。

生活区

玉澜堂建筑群位于昆明湖东岸，沿用了清漪园时的建筑名称，布局和形式保持了乾隆时期的面貌。整组建筑分前后两进院落，第一进院落是光绪皇帝的寝宫，由玉澜门、玉澜堂、霞芬室和藕香榭组成方整的四合院，院中用彩绘游廊连接正门及各座建筑物。第二进院落是游赏性质的庭院，院中以假山作为主景，东面用北太湖石堆叠成假山，西面两层的楼房夕佳楼与昆明湖相邻。

玉澜门为建筑群的正门，采用了中国传统四合院住宅建筑中

玉澜门

玉澜堂内原状陈列

王府大门的形式（殿式门），门簪上方悬挂满、汉文额书“玉澜门”木匾。月台上设光绪年间从香山移来的子母石一对。

玉澜堂正殿，面阔三间，带东、西耳房。明间外檐匾额“玉澜堂”，语出晋代诗人陆机的诗句“玉泉涌微澜”。檐柱上楹联：渚香细裛莲须雨，晓色轻团竹岭烟。堂内明间中设地平床，上为宝座御案，正中匾额“复殿留景”，对联：曙色渐分双阙下，漏声遥在百花中。

霞芬室、藕香榭为玉澜堂的东、西配殿，均为面阔五间的穿堂殿。东配殿前檐悬挂“霞芬室”匾，楹联：障殿帘垂花外雨，扫廊帚借竹梢风。后檐匾额“和风清穆”，楹联：窗竹影摇书案上，山泉声入砚池中。西配殿前檐悬挂“藕香榭”匾，对联：玉瑟瑶琴倚天半，金钟大镛和云门。后檐悬挂“日月澄辉”匾，对联：

台榭参差金碧里，烟霞舒卷画图中。光绪二十四年（1898）戊戌变法失败后，两座穿堂配殿内横砌一道砖墙，封闭了东、西的出口。

夕佳楼在玉澜堂后面的庭院中，院中用北太湖石叠落二组峰峦迭起、洞壑相通的山石假山，增加了园林的游赏气氛。楼坐西朝东，两层临湖。楼名出自陶渊明《饮酒》诗中“山气日夕佳”的诗句，是夕晚眺望西山和湖景的佳处。二层明间前檐悬挂“夕佳楼”匾，对联：隔夜晚莺藏谷口，唼花雏鸭聚塘坳。后檐二层匾“丹楼映日”，楹联：凤生阊阖春来早，月到蓬莱夜未中。一层楹联：雨晴九陌铺江练，岚嫩千峰叠海涛。楼式的建筑在平面上突出于院墙之外，立面上高出于平房之上，既便于远眺，又打破了沿湖建筑群体的平板单调感，突出了万寿山东部建筑群体轮廓线的起伏。

宜芸馆建筑群是光绪皇后的居所，与玉澜堂建筑群相连，按布局可视为玉澜堂的后院。由宜芸门、宜芸馆、近西轩、道存斋及游廊组成。庭院稍小于玉澜堂，以别尊卑之制。

宜芸门位于玉澜堂北侧，是宜芸馆建筑群的入口，建筑为垂花门形式，垂柱连枋上悬挂满、汉文“宜芸门”额。

宜芸馆正殿，坐北朝南。明间悬挂“宜芸馆”蝙蝠式匾，楹联：绕砌苔痕初染碧，隔帘花气静闻香。殿前设4个露陈墩。

东配殿道存斋前檐悬挂“恩风长扇”匾，对联：绿竹成荫环曲径，朱栏倒影入清池。后檐悬挂“膏泽应时”卷书式匾，对联：霏红花径和云扫，新绿瓜畦趁雨锄。西配殿近西轩前檐悬挂“藻绘呈瑞”三环式匾，檐柱上对联：千条嫩柳垂青琐，百啭流莺入建章。后檐匾额“烟云献彩”，楹联：彩云宝树琼田晚，仙露琪花碧涧香。两配殿前各陈放 4 个露陈墩。

院内南侧廊后檐白粉墙上，东、西各嵌 5 块乾隆皇帝临名家墨刻石。

宜芸馆后通往乐寿堂的庭院是一处过渡性的空间，院落的北部紧贴山脚，光绪十九年（1893）修建一座宫门（后改成 3 间的穿堂殿）并二山廊子和西边的拐角游廊，光绪二十年（1894）在院落的西面改建一座垂花门（乐寿堂东垂花门）。这里东通德和园，北可登山，西达乐寿堂，是交通线的交叉点与中轴线的转折点。由于游廊的串通联系，使乐寿堂、玉澜堂、宜芸馆与德和园之间不必经露天即可往来。游廊随地形起伏，局部做成叠落廊形式。

乐寿堂建筑群是慈禧太后的寝宫，也是宫廷区“内寝”的建

乐寿堂慈禧寝室原状陈列

筑主体。位置在宜芸馆的西北面，为一组前后两进、左右各有跨院的大型四合院落，院中以低矮的游廊在交通上联系各建筑物，也分划了各个庭院空间。建筑群包括水木自亲宫门、乐寿堂、后罩殿、东西配殿、东西跨院、游廊及值房等。

水木自亲灯杆

水木自亲殿紧临昆明湖，是乐寿堂的宫门。门前有一座石造雕栏御码头，是慈禧从水路出入颐和园上下船的地方。殿的两侧各有一条长长的白粉墙，墙上装饰着形状各异的什锦玻璃灯窗，临湖驳岸都安装雕刻精制的汉白玉石栏，白粉墙、石栏弄影于碧波之上，与明丽的山影相映成趣，于宫廷富丽中透出江南的柔媚。别致的灯窗，又使封闭的院落和院外的景物相互勾连，可以从不同形状的窗框中，欣赏湖上的风景。在码头上，两根高丈余、顶部呈半圆形的灯杆，纤细挺立，每夕灯亮时，则照耀水面宛如皓月当空。这架灯杆始建于光绪十九年（1893），木质灯杆，上铜雕梁。1951 年曾因年久失修有倾倒危险，于是拆除杆柱及杆顶铜雕部件妥善保存，1989 年恢复原样。

乐寿堂是建筑群的主体。从水木自亲宫门进入，就到达了乐寿堂前开阔的主庭院，院中点缀着一块巨大的山石青芝岫，很自

清代乐寿堂及地面陈设

然地成为宫门内的照壁。堂前对称地排列铜鹿、铜鹤、铜瓶等宫廷小品，庭院内栽植寓意“玉堂富贵”的玉兰、海棠、牡丹等花卉品种，显得开朗、清丽、典雅而又有浓重的生活气息。

正殿乐寿堂，依山傍水，坐北朝南。前檐明间悬挂“乐寿堂”匾。建筑原为两层，光绪十二年（1886）重建之后改为1层。室内装修及陈设都是清代宫廷的佳品。屋顶采用了前后勾连搭的处理，使建筑物并不显得体量过巨。堂前东、西侧各有配殿，悬挂蝙蝠式匾，东配殿东“润壁怀山”、西“舒华布实”，西配殿东“仁以山悦”、西“景福来并”。两配殿明间前后各设两个露陈墩。堂后有9间罩房（后9间）。还有耳房、值房等，建筑群院内的各座殿房，全部用游廊贯通。

乐寿堂的东跨院名永寿斋，是慈禧宠信的太监李莲英的住所。建筑为独立院落，由永寿斋正殿、前殿、东配殿、耳房及东面跨

永寿斋内陈设

院组成。院南侧有围墙、八角屏门入口。山墙东侧围墙有长方形后门。西墙有垂花门与乐寿堂院相通。这组建筑修建于光绪十七年（1891），为乐寿堂主体建筑的辅助生活用房。

乐寿堂西跨院与东跨院相对，是一所小园林庭院，院中有山、水及满月似的洞门，还有凹形的荷池，朱栏沿池曲折，粉墙依山宛转，酷似江南园林景色。院中坐北朝南一座扇面形的小殿名扬仁风。殿名出自《晋书·袁宏传》：袁宏被派往某地做官，临行时，谢安赠给他一把扇子，意为让其奉扬仁风，抚慰百姓。庭院中在乾隆朝还建有一座佛殿名乐安和，道光年间被拆毁后迄今未恢复。

扇面殿扬仁风

扬仁风因建筑为扇面形又被称为扇面殿。殿前地面用汉白玉嵌砌成扇骨形，远远望去，就好似一把似开欲合的折扇，妙趣横生。这座建筑的漏窗及殿内的宝座、香几、宫灯等均为扇面形状，极为别致。庭园内随山势起伏布置假山叠石，南面入口邻邀月门，院东墙有垂花门与乐寿堂相通。

德和园建筑群在乐寿堂东面，是一组大型的戏园，前后四进院落，以3层的大戏楼为主体，包括园门、大戏楼、看戏廊、颐乐殿、后罩殿、配殿、后垂花门等建筑物，依次排列成为一条南北的轴线，这条轴线与万寿山东麓山脊上的景福阁的中轴线对位重合，楼阁相望，互为辉映。

清代宫廷每逢庆典，往往有演戏的活动，宫中设立管理演戏和奏乐的专门机构，戏楼和戏台也就成了宫廷及御苑中不可缺少的一种建筑物。从雍正时开始，宫廷内先后修建了4座3层大戏楼，有圆明园同乐园清音阁戏台（始建于雍正年间，现已毁），热河行宫福寿园清音阁戏台[始建于乾隆十九年（1754），现已毁]，故宫宁寿宫畅音阁戏台[始建于乾隆三十六年（1771）至乾隆四十一年（1776）]，颐和园的德和园戏台[始建于光绪十六年（1890）底至光绪二十年（1894）]，统称为清宫四大戏台。其中德和园戏台是最后修建的一座，也是最大的一座。同期，为承办这座戏台演戏时所需的一切事宜，在颐和园东宫门外东侧（现为南党校占用）还规划修造了一处升平署的行署，这组建筑群占据了将近20所大院，有240余间房，今仅残存部分山石和古建房屋。

3层大戏台的结构特点是舞台的面积大，层数多，设地下层，有特殊的设备，3层台面上都可饰演大戏。建筑的规模宏大、结构繁复和功能齐全，反映出中国戏台在形式上的飞越发展和修造水平。德和园戏台作为中国封建社会最后修建的一座古戏楼，有着极为特殊的历史地位。是对中国古代戏台修造历史、建筑艺术、演剧活动的总结。

德和园的地基坐落在原清漪园怡春堂遗址的废墟上，现藏中国第一历史档案馆中的光绪朝“颐和园工程档案”记载了德和园建筑群从光绪十六年（1890）十二月开始兴建，至光绪二十一年（1895）完成，工程历时4年，共耗用71万两白银。

德和园的大门，在仁寿殿北侧，坐北朝南。正檩门簪上悬挂“德和园”匾额。前檐为广式大门，门北侧有木制影壁，前后有石狮抱鼓。

德和园大戏楼

大戏楼是德和园的建筑中心，戏楼坐南朝北，3 层高 21 米，下层戏台宽 17 米，进深 16 米。中层戏台宽 12 米，上层戏台略小一点。下层匾额“欢胪荣曝”，楹联：山水协清音龙会八风凤调九奏，宫商谐法曲象德流韵燕乐养和。中层匾额“承平豫泰”，楹联：七政衍玑衡珠联璧合，四时调律吕玉节金和。上层匾额“庆演昌辰”，楹联：八方开域皆为寿，兆姓登台总是春。戏台后部毗连两层扮戏楼，与戏台钩心斗角，紧密相连。在下层戏台的后面有一座 3 间的仙楼，仙楼与戏台台面之间连接着 4 座仙桥。为表演大切末戏的需要和增强演唱效果，在下层戏台底部开挖了一口深 10.1 米的砖井。砖井的东、西、北三面还开挖了 5 个约 1 米见方的水池。既可供演出时制造喷水效果，又可以借水音增加演唱的共鸣。与这 5 个水池相对应，在中上层戏楼上面建有 5 部滑车。

演戏时可以上下配合，同时表演有水法、戏法的大切末戏。

颐乐殿又称看戏殿，坐北朝南与大戏楼相对，是专为慈禧观戏修建的。从北京图书馆舆图组珍藏的一份德和园地盘图样上可以见到这座大殿最初的设计为两层，光绪十七年（1891）修建时改建为1层，但为了奉迎慈禧太后的兴趣和需要，建筑并没有缩减原设计的尺度，反而更加高大、华丽。殿前檐悬挂满、汉文“颐乐殿”匾额，外柱楹联：松柏靄长春画图集庆，蓬莱依胜境杰构灵光。内檐匾额“戴日腾愉”，内柱楹联：珠玉九天元音谐乐律，笙簧六籍太室饫谟觞。殿内匾额“荣镜登闳”，后檐匾额“穰福申猷”。

看戏廊在颐乐殿的东南侧和西南侧，与大戏台和游廊相连。

德和园建筑群建成后历年均有维修，1949年，后院辟为颐和园事务所办公用房。1950年，大戏台东西廊加建门窗改为房屋。1955年，大戏台后台改作展览使用。1968年至1969年，在德和园举办革命样板戏泥塑展时拆除了园内各处内部装修。1970年恢复原状。1984年大修后售票开放。2011年9月至2012年12月，恢复了清代看戏廊原有的格局和功能，并

2004年9月8日，德和园内演奏“编钟乐舞”

根据宫廷戏曲文化的研究成果，以戏楼建筑艺术展示、原状文物展陈、科技展示互动、影视展现等多元化展示手段，对德和园的历史、文化、艺术价值进行了综合立体展现。

膳房即专为帝、后烹饪食物的厨房，在园内共有两座，均为光绪年间修建。慈禧的专用厨房名寿膳房，位于德和园西面，由8个院落组成，又称东八所，其中寿膳房3个所、寿茶房3个所、寿药房1个所、寿豆腐房1个所。1932年整修油饰后作为出租房屋，后作为职工宿舍。1985年后改建宾馆，现为安曼酒店。光绪皇帝的专用厨房名御膳房，位于仁寿殿南配殿南面，1942年拆除。

电灯公所在仁寿殿的东南、耶律楚材祠南侧。光绪十六年（1890）十月二十八日，工部奏请采办电灯机器，为颐和园安装电灯。工部通过海军衙门委托广东鱼雷学堂洋教习德弁马驷，从德国购买一台由蒸汽机带动的发电机，于光绪十七年（1891）八月二十五日前运到北京安装，发电所设在颐和园，称为电灯公所。同时为园内殿宇安装电灯照明，由该电灯公所供电。光绪二十六年（1900）八国联军侵占颐和园，将电灯及发电设备破坏。光绪二十七年（1901）八国联军撤走后，太子少保、邮传部左侍郎盛宣怀奉献白银50900余两用于修复颐和园电灯，又向德商荣华洋行订购发电设备，于光绪二十九年（1903）运到北京。由荣华洋行电气工程师威廉达宜承办，洋工匠瑞士敏和西苑（中南海北海）电灯公所工匠等于光绪三十年五月（1904年6月）进园安装。以上所述安装电灯包括电灯公所的发电设备和各殿堂内的花式大吊灯以及长廊内檐的电线线路。光绪三十四年（1908）后，颐和园不再供帝后驻跸，电灯公所停止供电。1931 年，电灯公所被拆除，发电机设备下落不明。曾有人民来信称发电机曾由张学良将军于 1935 年拆运到西北，在陕西蔡家坡纺织厂使用 10 年，又在 1952 年运往河北省高阳县等情节，经调查未能核实。

万寿山前山区

万寿山前山建筑群，布局严谨对称，南起昆明湖岸边的云辉玉宇牌楼，北向通过排云门、二宫门、排云殿、德晖殿、佛香阁直到山顶的智慧海，层层上升，气势连贯，从水面一直到山顶构

清漪园大报恩延寿寺

成一条垂直上升的南、北中轴线。西侧的宝云阁和清华轩，东侧的转轮藏和介寿堂分别构成主轴线两边的次轴线。这一大组建筑群形成了总体规划上前山庞大的景点集群的核心部分，建筑的前身是清漪园时期乾隆皇帝为给母亲祝寿修建的“大报恩延寿寺”。大报恩延寿寺的原始建筑沿山坡逐层起造台地，自湖岸自山顶全长 210 米，分前、中、后三个部分。前部临湖设门前广场，建三座牌楼、两座旗杆、山门即面阔五间的天王殿。山门内的庭院东为鼓楼，西为钟楼，钟、鼓楼的北面各建一座石幢。院中长方形的水池上跨石桥，桥北高 2 米的台地院北，坐落着面阔七间的正殿大雄宝殿。殿内当中朝南供奉三世佛，朝北的悬山上供南海观音，沿东、西山墙供十八罗汉。殿前出月台，月台正中建碑亭一座，石碑上刻御制《大报恩延寿寺记》全文。两侧有东配殿“真如”、西配殿“妙觉”。大雄宝殿后面台地院坐北为后罩殿多宝殿，殿内供旃檀佛。多宝殿的地平高 19 米，殿前设八字形石磴道，庭院的东、西各建一座碑亭，石碑上分别刻《金刚经》和《华严经》。中部的建筑倚半山腰用巨石构筑高台，台的平面为方形，南壁设八字形大石磴道，台上建佛香阁。阁周围建回廊。东、西、北三面顺应坡势堆叠山石，在真山上构筑假山，假山内的洞穴蜿蜒穿插于山道间，连通了佛香阁、宝云阁、转轮藏和多宝殿。叠石环绕巨大的高台，改造了局部的地貌，形成质感和尺度上的强烈对比，渲染出佛寺本身的园林气氛。大报恩延寿寺的后部是琉璃牌楼“众香界”和无梁殿“智慧海”。东部的转轮藏和慈福楼、西部的宝云阁和罗汉堂为四座佛寺，供奉释迦牟尼、五百罗汉等佛

万寿山前山中部建筑群

像，贮藏经书。咸丰十年（1860），这组建筑除智慧海、众香界、宝云阁、转轮藏及石台、石经幢、石狮外，全都被英、法联军夷为平地。光绪十二年（1886），慈禧修建颐和园时本想将这里作为她的寝宫，殿宇还未建成，慈禧患了一场大病，自认为是冲犯神佛，于是将寝宫改在乐寿堂，在这里的原地势上修建了一组以排云殿为中心的专供她祝寿庆典之用的殿堂。原大报恩延寿寺前部的大雄宝殿址改建排云殿，天王殿址改建排云门，多宝殿址改建德晖殿，未重建钟、鼓楼和碑亭，而建成两层院落中的东、西四座配殿。大报恩延寿寺中部和后部的建筑按原样重修或重建。原慈福楼及五百罗汉堂址改建成介寿堂和清华轩两个院落。整组建筑已由清漪园时单纯的佛寺建筑改变为有佛寺、朝堂、居住的混合建筑了。建筑布局充分体现出“仙山琼阁”的神化意境和“君权神授”的统治思想，庞大的建筑气势集合了园林功能、宗教功能和宫廷功能，是园内景区建筑的精华。

排云殿建筑群在佛香阁的下方，南临昆明湖，由排云门、二宫门、排云殿及四座配殿组成。排云门是衔接长廊的中心。

云辉玉宇牌楼为万寿山中轴建筑群的起点。牌楼四柱七楼，坐北朝南，临湖修建。正楼大额枋石匾“云辉玉宇”，后檐匾“星拱瑶枢”。日本统治时期改为水泥柱。

排云门为排云殿建筑群的宫门，坐北朝南，面阔五间，中间三间装修实榻大门。斗栱前悬挂满、汉文“排云门”匾，檐联：复旦引星辰珠联璧合，顺时调律吕玉节金和。金柱檩下悬挂匾额“万象光昭”，对联：青琐朗晨光尘征六幕，紫渊回斗极瑞辑三阶。后金柱檩下门框上悬挂匾额“多祉攸集”，对联：迎辇花红星云

排云殿建筑群俯瞰图

慈禧在排云门前

争烂漫，当阶草碧风雨协和甘。前廊东、西接长廊。门前镇守一对乾隆朝铸造的铜狮，广场两边对称排列12块象征生肖的太湖石。

排云门内为建筑群的第一进院落，中心是清漪园遗存的长方形水池，上架单孔石拱桥。院落东殿悬挂匾额“玉华殿”“珠纬联辉”。楹联：九陌春生调玉律，千门瑞绕发琼枝。西殿悬挂匾额“云锦殿”“祥映昌基”。对联：凤曲登歌调令序，龙雩集舞泛祥风。二殿前檐外各有四个露陈墩。玉华殿、云锦殿北至第二进院落各用爬山游廊连接。

二宫门悬挂匾额“万寿无疆”，楹联：宝祚无疆万年绵茀禄，天颜有喜四海庆蕃厘。从排云门内的石桥上穿过，即可到达。

排云殿是建筑群的主体，殿名源自晋代诗人郭璞的“神仙排云出，但见金银台”的诗句。建筑坐北朝南，前檐悬挂匾额“排

排云殿陈设

排云殿慈禧宝座

云殿”，楹联：松岳大云垂九如献颂，瀛洲甘雨润五色呈祥。内檐匾额“大圆宝镜”，内柱楹联：叠石起璠峦如山之寿，引泉通玉液有泽皆春。后檐匾额“天乐人和”，后柱楹联：佳霭集彤闱花皆益寿，祥光凝紫禁树尽恒春。殿前是用汉白玉栏杆围护、三面有台阶的宽阔平台，台上有铜龙、铜凤、铜鼎各一对，台下两侧对称地排列四口铜缸。乾隆时期曾规定：在御苑中，除佛寺、神庙可用琉璃瓦外，其他离宫别苑一律不得使用琉璃瓦。排云殿是违反这一规定最突出的一例。

芳辉、紫霄是排云殿的东、西配殿，东配殿匾额“芳辉殿”“齐荣敷芬”。楹联：西山晓日临天仗，北阙晴云捧紫闱。西配殿匾额“紫霄殿”“ 登祥荐祉”。各用爬山游廊连接排云殿、德晖殿。

德晖殿建在排云殿后石壁上，坐北朝南。建筑前檐柱檩外侧匾额“德晖殿”，楹联：苑启宜春曈昽朝日丽，宫开仁寿挹注醴泉甘。金柱横披窗外匾额“敷光荣庆”。楹联：备天宝九如春华秋实，启建章万户霞蔚云蒸。后檩三件悬挂匾额“春和元气”。殿后有山道，可上通佛香阁。

佛香阁耸立在万寿山前山中心部位，是一座宗教建筑。“佛香”二字，源于佛教对佛的歌颂。沿着排云殿两侧的爬山廊上行，通过德晖殿，再由八字形磴道拾级而上，就到达了佛香阁的南山门。山门坐北朝南，黄色琉璃瓦绿剪边绿正脊歇山顶，悬挂“导养正性”。主体建筑佛香阁坐落在20米高的石造台基上，八面三层四重檐，高41米，以8根坚硬的大铁梨木为擎天柱，结构繁复，气势宏伟，巍然耸立，高入云霄，是颐和园的标志性建筑。阁四层檐下悬挂匾额“佛香阁”。一层匾“云外天香”，二层匾“气象昭回”，三层匾“式扬风教”。一层檐柱对联：鉴映群形润生万物，贯穿青琐萦带紫房。阁内现供奉自弥陀寺移来的千手千眼观音菩萨铜像。

佛香阁

佛香阁内大佛

20世纪50年代佛香阁修缮宝顶

佛香阁始建于乾隆十五年（1750），原拟仿杭州开化寺的六和塔，在此修建一座9层的佛塔延寿塔，在施工过程中，乾隆帝时常来此查看并赋诗，当建到第五层时，御制诗中有“塔影渐高出岭上”之句，建至第八层时，又有“阅时塔影渐横云”句。乾隆二十三年（1758），塔行将建成时，突然发现坍圮的现象，奉旨全部拆除。工程估银四十六万四千八百三十四两九钱七分四厘。延寿塔拆除后不再恢复原状，而在原址改建木构三层的佛香阁。咸丰十年（1860），英、法联军火焚清漪园，佛香阁的木构部分全部被毁。光绪十四年（1888）按原样重建。经算房估算，重建佛香阁楼亭、山门、游廊、方亭、蝠式踏跺、海墁，拆堆西边山子石，共用银七十八万五千六百三十四两六钱八分九厘。光绪二十八年（1902），佛香阁经过光绪二十六年（1900）八国联军的破坏后再次修缮，用银一万九千二百八两九钱。1953 年因游人拥挤，将四面山门拆去门窗为敞厅。1954 年，佛香阁自光绪年间后第一次全面整修、油饰（包括敷华亭、撷秀亭、众香界、智慧海），工程是颐和园历史上首次由本园工人自做，其技术操作及施工管理措施一直为以后各年各项古建筑油饰整修工程使用。1988 年至 1989 年 9 月 29 日，佛香阁进行第二次全面油饰整修。工程由北京市园林古建公司施工，共投资 1452349.93 元。

佛香阁东、西两侧假山石上对称地修建两座重檐方亭，东名敷华、西名撷秀。内有木制两层钟楼。亭下各有石洞，东通转轮藏，西达宝云阁。

佛香阁后面一条盘旋在假山石里的山路，直通万寿山顶部的建筑众香界和智慧海，两座建筑均为无木结构的砖石建筑。

众香界为一座琉璃牌楼，坐北朝南，位于智慧海前。四柱七楼，有三个拱形门洞，前檐石匾“众香界”，后檐“祇树林”。

智慧海是一座宗教建筑，造型朴重，全部用砖石发券砌成，不用枋梁承重，又称“无梁殿”。建筑坐北朝南，为两层，外形模仿木结构建筑，外墙全部用黄、绿两色琉璃瓦装饰，顶部则间以紫、蓝诸色，形成富丽而又和谐的建筑色彩。前檐明间门洞上方石匾“智慧海”，后檐“吉祥云”。须弥座式围墙，墙面上嵌有一排排精致的琉璃小佛像。殿内供奉观音大士。韦驮、天王及文殊、普贤菩萨，皆为乾隆时期遗存。

智慧海始建于乾隆年间，由于建筑特殊的砖石结构，在咸丰十年（1860）英、法联军火焚清漪园时幸免于难，但殿内的木制佛龛全部被毁。光绪十四年（1888）重修众香界琉璃牌楼和智慧海琉璃殿。光绪二十六年（1900）八国联军侵占时，将智慧海墙外壁上所嵌琉璃小佛的佛头敲下不少。光绪二十八年（1902）整修。1949 年后多次整修油饰，并补齐殿墙外壁上丢失的小佛头。

转轮藏、万寿山昆明湖碑在佛香阁东侧，是一组佛教建筑，由一座正殿和以飞廊连接的两座配亭组成。建筑仿照宋代杭州法云寺藏经阁的样式，殿顶作琉璃瓦三个勾连搭攒尖顶，配亭各上下两层，有木制彩油四层木塔转轮藏经架，转动木架可代替诵经。在正殿和两翼环抱而成的庭院中心，耸立着颐和园中最大的一块石碑——万寿山昆明湖碑。建筑群的南面围墙处修建一座牌楼为

智慧海

出入口，北面穿行假山洞道可通达佛香阁。

万寿山昆明湖碑坐落在转轮藏院落中心一座巨大的青石须弥座上，全部用石块雕制而成。石碑通高 9.87 米，造型雄伟，雕刻精美，具有典型的民族风格。这座石碑建于乾隆十六年（1751），碑文四面阴刻，皆为乾隆皇帝御笔。碑阳正书“万寿山昆明湖”6 个大字，碑阴为记述疏浚昆明湖始末的《万寿山昆明湖记》，两侧为《乾隆御制诗》。

转轮藏正殿在昆明湖碑的北面，面阔三间，高两层三重檐，长方形连三宝顶各四脊攒尖，宝顶上有彩色琉璃福禄寿三星。匾额“转轮藏”，原有楹联:藻绘春风万物资始，发挥天运四序成功。泰山乔岳运动无迹，祥风和气长养为心。殿两翼各以飞廊连接东、西两座配亭。配亭为八面阁形，各为上下两层，内有木制彩油四

转轮藏

层木塔贯穿其中。木塔八面可以贮藏经书和佛像，中间有轴，地下设机关，转动木塔可以代替诵经，似一个大法器“转经筒”。

介寿堂在转轮藏的南面、长廊的北面，为一组住宅式四合院建筑群，光绪年间在原清漪园慈福楼的基址上重新设计修建而成。乾隆时始建的慈福楼为两层正殿带后照殿，是帝、后拈香时的休息处。介寿堂分前、后二进院落，带东西跨院，建筑形式变动较大。

介寿堂南面入口为一垂花门，左右与白粉院墙相连，墙上饰什锦窗。正殿悬挂匾额“介寿堂”，原有楹联：寿永山河升恒日月，祥临斗极景庆星云。介三岛十州特开胜境，愿千秋万岁长驻韶光。

宝云阁、五方阁建筑群在佛香阁西侧的高大台基上，与转轮藏建筑群相对称。五方阁的中央坐落着著名的铜殿——宝云阁。五方标示佛界东、西、南、北、中 5 个方位，阁内供奉五方佛，是一组宗教建筑。建筑群前俯绿水，后倚青山，地势高敞，环境清幽。阁上匾额“浮岚暖翠”，出自元代画家黄公望著名的画卷《浮岚暖翠图》，是以园林写意山水的造景手法。

五方阁建筑群是一组方正的院落，建筑随山就势从南至北逐步升起，正殿五方阁在北面十几米高的台座之上，东、西有配殿，四周为叠落廊、爬山廊及游廊，宫门南向。有石牌坊一座，牌坊前影壁一座，三面围墙，随东、西面券门两座。

影壁为汉白玉石质，须弥座长 9.92 米，壁心为汉白玉。影壁北面的石牌楼为四柱三楼，正楼北侧横额“侧峰横岭尽来参”，楹联：苕雪溪山吴苑画，潇湘烟雨楚天云。南侧横额“暮霭朝岚常自写”，楹联：境自远尘皆入咏，物含妙理总堪寻。次楼北侧

五方阁建筑群

横额：东“天地不言工”，西“川岩独锺秀”。楹联：众皱峰如能变化，太空云与作沉浮。南侧横联：山色因心远，泉声入目凉。楹联：几许崇情托远迹，无边清况惬幽襟。石牌楼上镌刻的额、联，均为乾隆皇帝御笔。牌楼前面，还有一座4米多高的石壁，原为利用大理石的花纹镶成的一幅天然山水画，今已漫漶不清。

宝云阁（俗称铜亭）是一座铸铜建筑，通高7.5米，重414000斤，运用中国传统的拨蜡法铸造，是中国目前尚存的工艺中最精巧、体量巨大的青铜铸品之一。阁的平面呈四方形，重檐歇山式屋顶上有佛塔形宝顶。四面装修菱花窗、门，阁下有汉白玉石须弥座承托。

北侧上层悬挂“宝云阁”匾。建筑的梁、柱、枋、椽、斗栱、顶瓦、宝顶、门窗及匾额皆为铜铸。阁的式样，尺寸之工艺精

宝云阁铜殿

细程度与木结构完全一样。乾隆二十年（1755），修建这座铜殿共用了红铜倭铅四十八万五千斤。殿内坎墙壁上镌刻了所有工匠的名字：“铸匠：郭文炳、李元麟、王永贵、苏佩鸣、张文成、方玉么。凿匠：纪会、李国栋、方海绍、王定礼、王之忠、良玉、金瑶章、陈文彩、赵天禄、张永盛。拨蜡匠：杨国柱、张成、韩忠、高永固。旋匠：周光禄、王震坤、朱成禄、王良玉。锉匠：张国良、牛汉臣、姜得玉、缪德臣、张圣如、张喜鸣、王天福、王进孝、张九龄、邓文英、李德、刘忠。木匠：赵承生、胡以忠、王瑞、孙有功。乾隆二十年（1755）岁次乙亥夏六月镌刻。”200余年来，宝云阁经历了风雨的自然侵蚀和两次帝国主义入侵的浩劫，但因其铜铸的材质而未受丝毫损伤，反而使它在黄褐之中泛出青彩，经常被游人触摸的地方已经发亮，透出古铜色的光泽。

宝云阁、五方阁建筑群的平面布置是佛教密宗“曼荼罗”的象征。“曼荼罗”在佛经中本义为“万德圆满”的境地，众神聚集的坛城。庭院中及四方位的各座建筑，分别代表曼荼罗上的佛、菩萨所居的分位。清代，殿内供奉释迦牟尼佛，五方佛等众多佛像，院内北面6丈多高石筑峭壁上巨大莲花框中悬挂“威德金刚护法变相”巨幅绣像。每逢冬至季节，喇嘛绕殿诵经，为帝后祈福。咸丰十年(1860)，建筑群仅宝云阁因其铜铸的材质幸免于英、法联军火焚。现存木构建筑为光绪年间重建。

宝云阁铜殿原有70页铜窗槅扇心，中华民国十二年（1923）后开始遗失。中华民国二十九年（1940）发现又丢失两页，管理人员遂将尚存的39页摘下存库。1975年，遗失的窗扇在法国发现，经过多方努力，1993年美国工商保险公司董事长格林伯格出资51.5万美元将10扇铜窗购买，无偿赠还中国。运回的铜窗

1993年宝云阁铜窗回归

上有 20 页槅扇心，颐和园库存有 39 页，尚缺少 11 页，由颐和园照原样补制，使宝云阁恢复原状。

清华轩在五方阁南面、长廊的北侧，与东面的介寿堂相对，是一组双四合院落带跨院的居住建筑。清漪园时这里原为仿杭州云林寺、净慈寺修建的佛寺，名五百罗汉堂。堂的平面作田字式，有南、东、西三门，堂前有八角形水池，堂东有亭。咸丰十年（1860）被英、法联军焚毁，光绪时改建为现在的院落。轩的形式和功能与过去有了很大的改变，但前院中的圆形水池和白石拱桥，及东院内记录五百罗汉堂的形制和乾隆平定准噶尔叛乱的石卧碑，仍然是乾隆时期的原物，未有移动。轩名出自谢混《游西池》“水木湛清华”的诗句，院落精致的垂花门两侧，镶有形态各异的什

清华轩

锦花窗，散发出浓郁的宫廷气息。

万寿山前山以佛香阁为中心的南、北中轴线，从竖的方向联络了建筑的上下；山湖交接处蜿蜒曲折的彩绘长廊从横的方向纵贯了园林东、西。万寿山前山的建筑布局，以这一横一竖为脉络组成一个整体。

长廊建筑群在万寿山前山脚下横贯东、西，像一条美丽的飘带，将分布在湖山之间的楼、台、亭、阁、轩、馆 、舫、榭有机地连缀成为整体。在颐和园众多的廊中，彩画长廊是中国园林中最精彩的廊的代表。它从乐寿堂西的邀月门(长廊的东入口)开始，至西面的石丈亭为止，长廊共有 273 间，全长 728 米。廊的中间建有象征春、夏、秋、冬的留佳、寄澜、秋水、清遥四座八角

长廊

长廊邀月门

重檐亭。东西两段又各有短廊伸向湖岸，衔接着对鸥舫和鱼藻轩两座水榭。西北部连着山色湖光共一楼。廊的地基随着万寿山南麓的地势高低而起伏；它的走向随着昆明湖北岸的凹凸而弯曲，建筑师巧妙地利用廊间的建筑作为高低和变向的连接点，避免了长廊过直、过长和地势不平，营造出曲折、绵延、无尽的廊式。长廊的每根廊枋上都绘有大小不同的苏式彩画，共 14000 余幅。内容有西湖风景、山水人物、花卉翎毛等，许多画面是对乾隆皇帝南巡时沿途景色的临摹。人物画大多出自中国古典文学名著《红楼梦》《西游记》《水

长廊苏氏彩画——曹操献刀

浒传》《三国演义》《聊斋志异》《封神演义》中的故事，因此长廊又是一条艺术的画廊。1990 年，长廊以杰出的建筑和丰富绚丽的彩画被收入《吉尼斯世界纪录大全》。

长廊始建于乾隆年间，咸丰十年（1860）被英、法联军焚毁，仅剩下 11 间半廊子,光绪十四年(1888)按原样重建。1949 年后，长廊有过 4 次大的油饰彩画维修工程。第一次是 1959 年，工程除按照园内其他古建筑油饰整修以外，彩画各间横梁仍绘西湖风景，有些彩画是按照西湖风景照片摹绘。各间枋上苏式彩画中内容保证画面不重样。人物彩画内容规定《三国演义》《西游记》《千家诗》等。并特请技术和艺术修养较高的画工参加，彩画的质量和艺术水平较高。长廊中的照明设备，原有慈禧太后住园时在梁上安装供电线路上的大型瓷瓶，影响古建筑美观。在此次维修工程中全部拆除。长廊的地面因未能解决冬季结冰影响的问题而未做维修，在管理上加强沿湖岸前打冰，减少影响。1966 年“文化大革命”中，古建筑苏式彩画被认作“四旧”，长廊的苏式彩画首先被涂盖，原用白漆涂盖，后施工工人以速度太慢为理由，改用白粉涂盖。1969 年 8 月 18 日周总理来园时，有职工提出改画长征画面的建议，总理讲“不必重画，抹掉才子佳人，山水画可保留”。1971 年 10 月 6 日，按上级指示，开始擦掉彩画上原涂盖的白粉。1973 年对原用白漆涂盖无法擦除之彩画 218 幅，由园林局修建处进行补绘。由于画工青黄不接，年轻画工不熟悉古建筑特色，出现有如“熊猫”等不适宜画面。第二次长廊油饰整修工程 1978 年开工，1979 年竣工，做法同前。但苏式彩画中

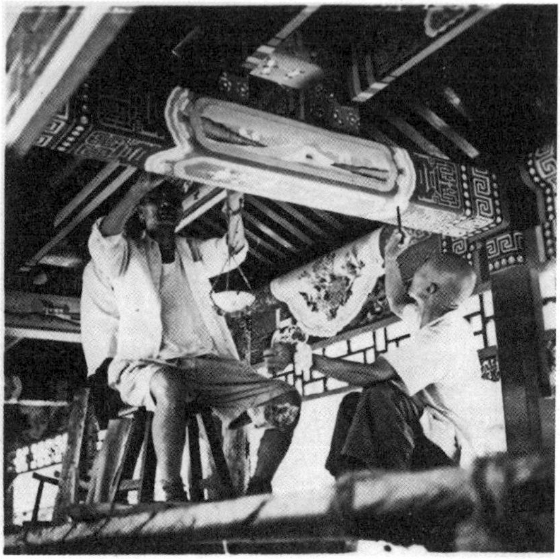

20世纪50年代长廊油饰彩画

"包袱"改为绘于纸面再粘贴到建筑上，除由画工绘制外，还有美工及工艺美术学院的学生参加。这次彩画修整出现个别重复画面。1989年4月，开始了第三次长廊油饰整修工程，但仅下架油饰，未动彩画。1999年，进行第四次长廊油饰、维修，工程从4月5日开始，9月10日竣工。工程采用传统工艺做法，对长廊（包括4亭）及沿线的对鸥舫、鱼藻轩、山色湖光共一楼下架油饰，未动彩画。

养云轩在长廊东部北侧，是园中现存不多的乾隆时期的住宅式院落，建筑的大门似钟形，门上方镌刻石额"川泳云飞"，外侧石刻楹联：天外是银河烟波宛转，云中开翠幄香雨霏微。内侧石刻楹联：群玉为峰楼台移海上，众香是国花木秀人寰。

养云轩原为清代后妃的休息处所。门前有白石小桥架于葫芦形的河上，桥为汉白玉单孔拱桥，南北向坐落，桥南即长廊。养云轩院外，东有叠石洞穴及天桥通往乐寿堂的西花园扬仁风。院内正殿悬挂"养云轩"匾，东配殿悬挂"随香"匾，西配殿悬挂"含绿”匾。

无尽意轩在长廊北侧，与养云轩相邻。为独立院落，前临荷池，绕以曲垣，极为幽静。左右各有道路与山坡上的景点相通。

听鹂馆在长廊西部北侧，馆中著名的建筑是一座两层的小戏楼。戏楼北面一层匾额“来云依日”，二层匾额“凤翔云应”。南面（戏楼的后台，现为听鹂馆的入口）匾额“金枝秀华”。戏楼内有很小的天井和地井，只能饰演一般的戏曲和杂耍。这里原是清代帝、后欣赏戏曲和音乐的地方，中华人民共和国成立后辟作经营清宫御膳的餐厅。馆西部的庭院名西四所，是清代嫔妃在园内的居所。馆东部连接的院落名贵寿无极。

听鹂馆建筑群始成于乾隆十九年（1754），原戏楼居北，殿座在南，与现存建筑正好相反。原建筑咸丰十年（1860）全部被毁，光绪十八年（1892）虽按原样重建了这座戏台，但是改变了戏台的朝向，并在听鹂馆的东面新建了一组建筑——贵寿无极。

听鹂馆

西四所在听鹂馆西侧，为四所住宅式院落。乾隆二十四年（1759）原建蕴古室，光绪十六年（1890）改建成现存形式，为清代妃嫔的居所。现为

画中游

餐厅、食品店、商品部。

画中游建筑群位于万寿山前山西南坡的转折处，由澄辉阁、爱山楼、借秋楼、画中游及石牌坊组成。此处地势高敞，视野宽广，既可观景，又可得景。建筑群以楼阁为重点，陪衬亭台，以爬山游廊连通上下，布局对称，互不遮挡，景观空间层次变化较大。景区大量堆叠山石，围植松柏，构成山地小园林特色。

澄辉阁是画中游建筑群的主体建筑物，突出于群组中轴线的最南端。建筑坐北朝南，八方阁平面造型。重檐八脊攒尖顶，修建在陡峭的山坡上，前、后高差约 4 米，下层的柱子顺着山石的起伏而长短不一。南侧金柱横披窗上悬挂“画中游”（澄辉阁的匾额在民国时修缮后错挂为“画中游”，延续至今）。这里空透开敞，东西南三面都可以凭栏眺望：青山塔影，堤岛湖泊，深远迷蒙；

立柱与楣子木栏杆构成一幅幅精致的画框，宛若画境。

爱山楼、借秋楼在澄辉阁两侧，依着山石建起两层的楼阁，东为爱山楼，西为借秋楼，均坐北朝南，建筑形式和面积相同，东、西各有爬山廊与澄辉阁相接。澄辉阁后部是在天然裸露山石上堆叠而成的一组假山，巧妙布置的山石与阁、游廊紧密相连，构成上下穿插的立体交通网线，增加了这组山地建筑的情趣。

经假山北面的石牌坊，可到达一组由爬山游廊环抱而成的庭院，庭院的主体是小巧别致的画中游，它位于整组建筑的最北端。

石牌楼在澄辉阁北侧，坐北朝南，庑殿式顶，青石正脊，青石瓦，青石地面，台阶建于山石之上。牌楼南面对联：幽籁静中观水动，尘心息后觉凉来。横额：山川映发使人应接不暇。北面对联：闲云归岫连峰暗，飞瀑垂空漱石凉。横额：身所履历自欣得此奇观。

湖山真意在画中游后东垂花门外，建筑为一座敞轩，坐北朝南，面阔三间。南面明间悬挂“湖山真意”匾。湖山真意原称清音山馆，始成于乾隆十九年（1754），光绪十九年（1893）重建时改为现在式样。建筑地处万寿山前山山脊西部端头的地形转折处，西面的梁柱正好将远处的西山、玉泉山框成一幅绝妙的风景画，湖山真意的寓意即在于此。

写秋轩在万寿山前山东区，是一组平面对称、空间外向的小园林建筑群。正厅写秋轩居中，坐落在高3米的平台上，东、西用斜爬山廊连系着两个重檐方亭（东为观生意，西为寻云亭）。北面削山砌筑崖壁，南面垫土铺砌成宽敞的平台。整组建筑四周植以花木，自成一处开朗的游憩环境，从平台可眺望湖景、俯视山林近景。此处在前山东区山腰干道的尽端，往东为意迟云在，南可达湖岸的长廊，北循磴道可登上千峰彩翠。

写秋轩

圆朗斋作为写秋轩的东跨院紧贴平台的东侧，并用斜廊与写秋轩整组建筑连为一体。南房瞰碧台与北房圆朗斋，均为三间卷棚硬山顶的斋房。建筑始成于乾隆十八年（1753），重修于光绪十九年（1893）。

圆朗斋

云松巢、邵窝殿位于万寿山前山西区，此处山丘起伏，松柏蓊郁，较富于山林的野趣。云松巢和邵窝殿依山势错落布置，充分利用了地形的特点。西部的云松巢是一座由曲垣斜廊围合成院落的单体厅堂，建筑对称，垂花门入口处向南面突出。东部的邵窝殿则是一座以厅、亭、廊穿插而成的小园林，布置自由，以斜廊顺山势曲折迤逦上达东北角的高处。两者在总体上彼此衬托，相对成景。

含新亭在无尽意轩北侧，重檐六角攒尖顶。此亭建于乾隆二十四年（1759），光绪年间重新修葺。亭坐北朝南，东、北、

云松巢

含新亭

西三面有太湖石。

重翠亭在万寿山南坡，写秋轩北侧，坐北朝南。八柱三楹敞轩形式，始建于乾隆十九年（1754），光绪十九年（1893）重建。光绪二十八年（1902）重修。

千峰彩翠在重翠亭北侧，是一座城关式的建筑，门洞上方石匾“千峰彩翠”。始建于乾隆十九年（1754）前，光绪十九年（1893）重修。

意迟云在是一座敞厅式的建筑，位于前山福荫轩西侧，圆朗斋东侧。建筑面阔三间，坐北朝南。明间南侧悬挂“意迟云在”匾。

福荫轩在含新亭北侧、圆朗斋西北侧，原名餐秀亭，始建于乾隆年间，原为两层楼式的建筑，光绪十七年（1891）改建成一层平面呈卷书形式，更名福荫轩。

荟亭在万寿山前山东山坡上，光绪年间新建，是一座平面为六角双环式的别致小亭。

景福阁在万寿山山脊最东端的制高点上，是一座平面呈十字形的大殿，建筑坐北朝南，建于平台上，三卷勾连搭歇山式屋顶，前后抱厦。明间悬挂匾“景福阁”，对联：密荫千章此地直疑黄岳近，祥雯五色其光上与紫霄齐。清漪园时期，这里为一座佛楼，名昙花阁。昙花阁的平面作六角形，象征昙花的花瓣。佛经上称优昙花象征灵瑞，昙花阁内上下两层都供奉佛像，是一座造型既丰富又很别致的佛阁。咸丰十年（1860）全部建筑被毁。光绪十八年（1892），在昙花阁的遗址上改建景福阁，两层的佛楼变为一层的园林建筑。景福阁地势高敞，向南可纵览昆明湖、南湖岛和十七孔桥一带水面的开阔景色，适宜赏雨、赏雪。

益寿堂在景福阁东侧，是一组住宅式的院落。由正殿松春斋、东西配殿、垂花门、游廊组成。

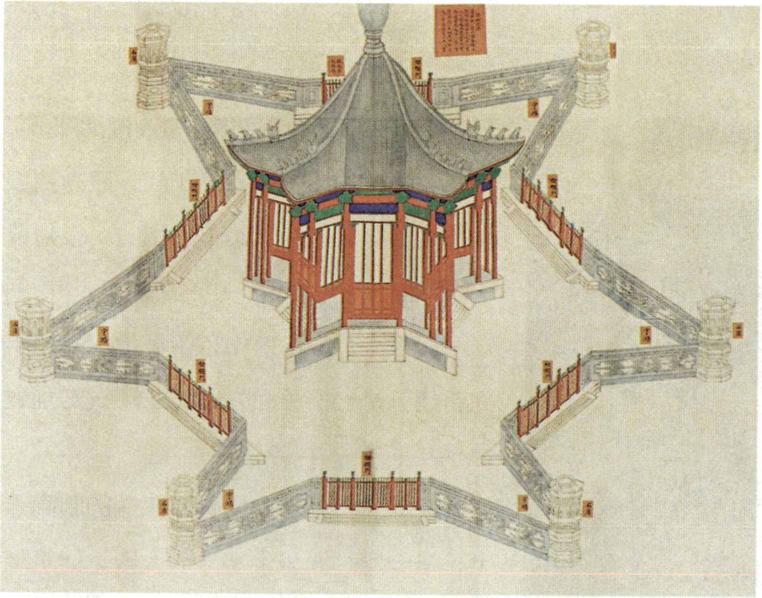

清漪园昙花阁

乐农轩、永寿斋、平安室在益寿堂东面，万寿山东山腰上，是一组朴素的建筑。慈禧太后因八国联军入侵，西逃西安返回北京后，仿民间房屋所建。这组建筑以石片为瓦，油饰仿民间建筑，不施彩画。轩的南侧，还有一座坐东朝西的草亭。

万寿山后山区

在乾隆皇帝修建的清漪园时期，万寿山后山的建筑规模同前山一样雄伟壮丽。中部纵贯南北的中轴建筑是一组庞大的寺庙"四大部洲建筑群"；山坡上横贯东西的是一条山道"中御路"，将两侧一座座、一处处自成一局风格多样的景点、景区或寺庙连通成为一组和谐的建筑群。重建颐和园时，后山的一些建筑群没有恢复，仅残存荒台废基。

四大部洲建筑群是一组构成后山南、北中轴线的庞大的佛寺，

乐农轩

独特的平面布局，奇异的建筑立面，强烈的宗教色彩，为这座寺庙增添了许多神秘。四大部洲与承德的普宁寺是乾隆时期分别在两地同时建造的同一形制的汉、藏混合式佛寺，以西藏地区一座著名的喇嘛寺院为规划设计的蓝本。建筑群坐南朝北，占地2万平方米。巍峨的殿宇在万寿山的北坡略呈丁字形的平面，沿山坡的纵深自北向南逐层台地迭起，形成一条长达200米的后山中轴线。19座古刹、碉房，尖塔平台，红基白壁，色彩绚丽，错落有致。这组融合了汉、藏民族风格的特殊建筑在乾隆时期被统称为后大庙，由南北两部分组成。北半部为汉式，它的殿堂布局按照中国七堂伽蓝的传统规制，建筑始建时受地形的限制而省去山门、钟鼓楼和天王殿，仅有正殿和东、西配殿。南半部建筑的藏式部分，修建在须弥灵境殿南面高出地平约10米的金刚墙上，这里的山势比较陡峭，整组建筑群的布置以居中而偏于北的香岩宗印之阁为中心，周围环列着许多藏式碉房建筑物和喇嘛塔，分别在若干层的台地上随坡式而交错布置，具有浓厚的藏族色彩。根据佛经里的描述：在佛所居住的须弥山四周是咸海，海上四方有4个大部洲——北俱卢洲、南赡部洲、东胜神洲、西牛贺洲，依次为方形、三角形、半月形、圆形。这4种不同的形状，又对应着佛家称为“四大”的地（方形）、火（三角形）、风（半月形）、水（圆形）。万寿山后大庙南半部的建筑正是这种宇宙世界的现实形象。高三层的香岩宗印之阁象征须弥山，阁的前、后、左、右环建着四大部洲，每一大部洲旁分建两个小部洲。日台在东、月台在西，分列阁后。阁东南、东北、西南、西北分建黑、绿、红、白4座不同颜色的梵塔。深奥的宗教内容结合精湛的园林艺术，与高大的汉、藏式建筑融为一体，相映成趣。咸丰十年（1860），四大部洲全部木构建筑毁于英、法联军大火，光绪时，没有全部恢复这组建筑，仅将香岩宗印之阁改建成一层的佛殿，内供奉从前山大报恩延寿寺移来的三世佛和十八罗汉；南赡部洲改建成山门殿，内塑哼哈二将。现存建筑为 1984 年复建。

松堂牌楼在后山中御路的中段，北临后湖苏州街，是一座古松参天的大庭院，称松堂。此处为建筑群的第一层台地（寺前广场），清漪园时，松堂的北、东、南三面各有一座四柱七楼的大牌楼，东牌楼题额：旃林（面东）、莲界（面西），北牌楼题额：慈福（面北）、慧因（面南），西牌楼题额：宝地（面东）、梵天（面西）。今日除北面的慈福牌楼已经恢复外，其他两座仅存雕刻精美的夹杆石。

松堂往南的第二层台地高出第一层台地约 2.8 米，原有东配殿宝华楼，西配殿法藏楼，均为面阔五间的两层楼房，现遗址上新建服务用房。

须弥灵境遗址在第三层台地上，原建筑是一座体量巨大的木构建筑物，它的开间尺寸和梁柱用材仅次于紫禁城的太和殿，是北京少数几座大型建筑之一。咸丰十年（1860）被毁后，至今未建，仅存遗址。殿前现有经幢两座，为前山大报恩延寿寺中的遗物，光绪朝挪至此处。

南赡部洲在须弥灵境遗址南面高出地平约 10 米的金刚墙上，光绪时期改建成山门。

香岩宗印之阁在山门南面，是一座佛殿。殿内正中供奉三世佛，两侧供奉十八罗汉。

北俱卢洲在香岩宗印之阁南面，建筑呈长方形，坐南朝北。东、西各有一个六边形小部洲。西北侧有黑色梵塔。

西牛贺洲在香岩宗印之阁东侧，建筑呈椭圆形，坐东朝西。南、北各有一个六边形小部洲。西北侧有黄色梵塔。

日台与月台在北俱卢洲南侧，云会寺东侧坡下，均为长方形。日台坐西朝东，月台坐东朝西。

东胜神洲在香岩宗印之阁西侧，建筑为月牙形，坐南朝北。南、北两侧各有一个长方形小部洲。东北侧有红色梵塔。

四大部洲建筑群始建于乾隆十八年（1753），光绪十三年（1887）被毁的三层香岩宗印之阁遗址上改建九檩歇山三世佛大殿，仍用原名。光绪十四年（1888）五月，佛殿前建丹陛一道，

香岩宗印之阁内十八罗汉一角

四大部洲梵塔——红塔

殿北的南赡部洲遗址改建山门，内里照旧塑站像神像两尊。大门嵌锭黄铜门钉红铜兽面。里叶槅扇坎窗嵌锭红铜云龙，面叶俱镀金成造。周围添修宇墙，请运前山大报恩延寿寺内的铜三世佛及十八罗汉铜像。佛殿工程至光绪二十年（1894）完成。光绪二十九年（1903），山门二次间照旧补塑神像两尊，泥塑站像法身上五彩。1940年5月，后山须弥灵境石狮一对、石塔两座年久失修，实业总署督办王荫泰出资修葺。1949年中华人民共和国建立时，这组建筑虽有香岩宗印之阁和山门，但是其余建筑的木构部分已荡然无存，三个大部洲、八个小部洲，日月二台，四座梵塔的砖体均残坏严重，大部洲、台缺殿顶，梵塔没有了塔刹，砖体内满覆渣土，墙缝、山石道路中滋生杂树上百株，已有几十年的树龄。荒草满处，成为后山上残破最严重、荒乱面积最大的地区，游人已无法进入。1951年抢修四大部洲中的大殿。1956年，整修四大部洲中的大殿。1964年，整修台阶。虽然环境有所清理，但杂树未除，残墙断壁依旧，尚存被英、法联军侵略破坏的原状。1976年，颐和园党委提出恢复清漪园时的景观规划，四大部洲被列入首项。1980年，经过专家考察论证拟订出重建四大部洲的方案，工程包括油

四大部洲建筑群

饰整修现存建筑、整修复原三个大部洲、两个台、八个小部洲、四座梵塔、全部墙垣、地面、台阶及假山石道。雕塑佛像，油饰彩画。复建工程在历史记载及清宫档案的基础上，参照承德的普宁寺，由本园自行设计、自行施工。自 1981 年开工，至 1983 年竣工，共计支出 89 万元（包括恢复佛像）。基本上保持了原建筑的形式和风格。

香海真源在香岩宗印之阁的西南侧，坐南朝北，是一组佛教建筑。殿内佛龛有背光铜佛一座。

云会寺在四大部洲西部，寺内东西各一座亭殿，坐北朝南，八脊重檐攒尖圆宝顶，琉璃瓦绿剪边。

善现寺在四大部洲东部，寺内东配楼坐东朝西，两层，硬山式绿琉璃瓦博缝板顶，正脊，绿剪边黑筒瓦心。

后山东部

眺远斋在后湖东端北岸，是一座穿堂殿，光绪时新建。这座建筑地基较高，可以眺望园外的景色。慈禧住园时，每年的阴历四月初八在这里观看民间的香会。建筑坐北朝南，四面有廊。檐柱悬挂匾额“眺远斋”，楹联：绛阙珠宫三千世界，春城夏国百五光阴。

澹宁堂在后山中御路的北侧，是一组深长而封闭的建筑群。“澹宁”取意于“澹泊宁静”。乾隆12岁时跟随祖父康熙在畅春园居住，康熙皇帝赐给他一处书屋名澹宁居，澹宁堂是仿澹宁居修建的一处书房。建筑群南接山路，北连水路。前后二进院落，依山势南高北低，北面为两层，南面为一层，落差4米多。堂南距中御路不足3米，堂北抱厦突出于后溪河的水面，一组建筑同时兼顾两种不同的外部环境，处理得极为巧妙。北院三面是两层的楼阁，一面是叠落廊和敞厅，高低错落，富于变化。原建筑群始于乾隆十九年（1754），咸丰十年（1860）被英、法联军所毁，现存建筑为1996年根据档案在原址上复建，堂间设文物展厅，与苏州街连体开放。

花承阁、多宝琉璃塔在后山东部，是一组小园林与佛寺混合的建筑群。由莲座盘云佛殿、多宝琉璃塔、花承阁及六兼斋组成，全部建筑坐落在直径约60米倚山势筑成的半月形砖砌高台上。院落依万寿山后山的坡势分作两层台地，北面建两柱牌楼山门，院中置太湖石及石座。高台的中轴部位为佛殿莲座盘云，下层为左、右配殿。高台的外缘建 37 间半月形弧廊。弧形游廊的东端接两层楼，下通有洞的六兼斋叠石楼梯平台，西端连接依陡坡而建成的面东一层、面西两层的错层楼房花承阁。阁的南面设塔院，院中耸立着八面七级的多宝琉璃塔。这组建筑于乾隆十九年（1754）时已经建成，咸丰十年（1860）遭英、法联军破坏后残存殿址、砖墙、石雕、假山。多宝琉璃塔和石碑因其是砖石结构，得以完整保存至今。

多宝琉璃塔高 17.6 米（实测），八脊攒尖七重檐，各角一垂兽一小兽，三踩单昂斗栱，汉白玉台基，塔身用雕着 596 个佛像的彩色琉璃砖镶砌而成。白色的须弥座，平安如意雕花汉白玉石栏，镀金的宝顶，斑斓彩错，极为绚丽。塔前牌楼两柱一楼，北有抄手台阶 15 步，台阶下北侧一座御碑，上有用满、蒙、汉、藏 4 种文字镌刻的乾隆御制《多宝塔颂》。多宝塔造型挺拔秀丽，在绿树丛中显得光彩夺目。塔建在这组建筑的最高处，修长的塔身，成为后山东区风景构图的核心。

多宝琉璃塔

寅辉城关在万寿山后山御路上，是一座独特的双城关式的建筑。建筑左控山谷，右临后湖，关前石桥横跨深涧，俨然雄关要塞。城关上檐三层（中层为菱形），前后 12 个垛口，城墙上一层城楼。东西向坐落，东面券门上有石额“寅辉”，西面券门上有石额“挹爽”。桥上城关镇守东西，桥下关口护卫南北。

后山西部

构虚轩位于万寿山后山中轴线偏西、赅春园东北、由人工堆起的山峦上。此处地势高敞，四望皆景。主体是一座坐东面西的三层高阁，重檐九开间，以磴道下通袖岚书屋。咸丰十年（1860）毁于英、法联军，今日仅有遗迹可寻。

赅春园在万寿山后山西部，原为清漪园中著名的园中之园，由赅春园、味闲斋两组独立院落组成。园中的蕴真赏惬、竹籞、清可轩、香岩室、留云等建筑景观，充分利用了万寿山后山西部天然的岩石沟壑，因地制宜，依山就势而建且步步递高，风格独特，景色绮丽，尤以满壁的岩石镌刻著名。乾隆皇帝非常喜爱这座园林，以其御制诗中“春意此间赅”的诗意，命名此园为“赅春园”。赅春园、味闲斋建筑，咸丰十年（1860）惨遭英、法联军焚毁，沦为废墟。1998 年，颐和园管理处为保护遗址文物，防止地形地貌进一步被破坏，同时利用其进行爱国主义教育，对遗址内残存的建筑基础、叠石、乾隆诗刻及镌石佛像进行了整理，修复赅春园宫门，展出这组建筑的历史，开辟遗址供游览凭吊。

后山赅春园遗址

绮望轩在万寿山后山赅春园西北、后溪河西部峡口南岸，原为万寿山后山又一处别致的“园中之园”。建筑群三面环山，北面临水，轩内有石洞通后溪河岸。主体建筑为轩南的两层小楼——停霭楼，东、西有两个八角小亭，四周有64间游廊相环，庭院中有用灰瓦砌筑的花墙。这组建筑于乾隆十九年（1754）建在假山石堆之上、异峰怪石之间，与对岸的“看云起时”隔水相望。这两组建筑夹峙在后溪河的南、北两岸，互为对景。咸丰十年（1860），绮望轩全部建筑被英、法联军焚毁，现基址上遗存殿基、花式瓦墙、石洞及汉白玉雕栏板。

万寿山东区

紫气东来城关在万寿山东麓折向后山的山路上，南北向坐落，石镌关额：南“紫气东来”，北“赤城霞起”。建筑名称源自道家的一个故事：古代老子游经函谷关，关令尹喜见有紫气从东而来，知道将有圣人降临，果见老子骑青牛而过，便请他写下了《道德经》。后人遂以“紫气东来”表示吉祥降临。

谐趣园在万寿山东麓，是著名的园中之园。乾隆十六年（1751），乾隆皇帝南巡时，看中了江苏无锡惠山脚下的寄畅园，仿其意而建。原建筑名惠山园“园门西向，门内池数亩，池东为载时堂，其北为墨妙轩。园池西为就云楼，稍南为澹碧斋。池南折而东为水乐亭，为知鱼桥。就云楼之东为寻诗径，径侧为涵光洞，迤北为霁清轩，轩后有石峡”（《日下旧闻考》）。乾隆皇帝拟定惠山园八景：一为供读书的载时堂；二为可赏字的墨妙轩，壁间石刻三希堂续摹；三为观云气的就云楼；四为俯览荷池的澹碧斋；五为静听水音的水乐亭；六为可观鱼乐的知鱼桥；七为苔径缭曲，护以石栏，可“点笔题诗”的寻诗径；八为以假石构成仙

紫气东来城关

窟的涵光洞。嘉庆十六年（1811），嘉庆皇帝改建此园，添建涵远堂，将载时堂更名知春堂，墨妙轩改建湛清轩，就云楼改名瞩新楼，澹碧斋改名澄爽斋，水乐亭改名饮绿亭，另建澹碧敞厅。取乾隆皇帝《惠山园八景诗序》中“一亭一径，足谐奇趣”之意，更园名为谐趣园。并写下了《谐趣园记》,文中有“以物外之静趣，谐寸田之中和”句，点明了谐趣园突出“静”的建筑主题。光绪十七年（1891），慈禧太后重建谐趣园时，在宫门内增建了知春亭和亭东面的小轩“引镜”。又以曲廊百间，将 5 处轩堂、7 座亭榭连为一体，并将池岸改为规则形。慈禧住园时，经常至此钓鱼游乐。

谐趣园的宫门坐东朝西，面阔三间，西面悬挂匾额“谐趣园宫门”。前檐明间装修二扇实板门，门上画有门钉。谐趣园的中央是一个两亩多的池塘，环池建有知春亭、引镜、洗秋、饮绿、澹碧、知春堂、小有天亭、兰亭、湛清轩、涵远堂、瞩新楼、澄爽斋等亭、楼、堂、轩、斋、榭。并用三步一回、五步一折的曲廊把它们连接在一起。错落相间、玲珑可爱。在自然优美中透出宫苑的富丽景象。水池的四周用太湖石砌成泊岸，沿岸遍植垂柳，春天一池春水，波平如镜，柳枝低拂，绮丽多姿。夏日，池中莲叶田田，粉红玉白的花朵随风摇曳，玉蕊琼英，清香袭人。秋天，池水凝碧，衬以曲栏水榭，绿柳青蒲，相映入画。冬季，池面冰胶，曲径积雪，别具景象。

知春亭在入宫门东南侧，这座方亭的形式和名称均和昆明湖知春亭相同。

引镜是谐趣园中一座小巧的轩式建筑，位于湖的南侧，南土山北侧。建筑坐南朝北，前、后各三间，西山墙与游廊相接。北面悬挂匾额“引镜”，楹联：菱花晓映雕栏日，莲叶香涵玉沼波。

洗秋在引镜东侧，坐东朝西，西面明间悬挂匾额“洗秋”，楹联：宫徵山川金镜里，丹青云日玉壶中。

饮绿在洗秋南侧，是一座水榭，建筑坐东朝西，凌驾水上。西面悬挂匾额“饮绿”，楹联：云移溪树侵书幌，风送岩泉润墨池。

澹碧也是一座小巧的斋式建筑，坐南朝北。北面悬挂匾额“澹碧”，楹联：窗间树色连山净，户外岚光带水浮。

知鱼桥与石牌楼在水池的东面，是一座桥身贴近水面的石平桥，桥名源自《庄子》中庄子和惠子关于“鱼知乐”的有趣辩论。桥头一座小巧的石牌楼，上面镌刻着乾隆皇帝题写的“知鱼桥”，

谐趣园知鱼桥

及围绕着“子非鱼，焉知鱼之乐”的命题抒写的御制诗句。石镌楹联：回翔凫雁心含喜，新茁苹蒲意总闲。月波潋滟金为色，风濑琤琮石有声。

知春堂在知鱼桥的东岸，咸丰年间，皇帝曾在此处召见过军机大臣。建筑坐东朝西，西面悬挂匾额“知春堂”，楹联：七宝栏杆千岁石，十洲烟景四时花。

小有天亭在知春堂北面，呈圆形。西面以13间游廊通至兰亭。

兰亭在谐趣园水池的北面，坐北朝南，南面悬挂匾额“兰亭”。亭内立一古朴石碑，碑上题刻乾隆皇帝御制“寻诗径”诗句。“寻诗”出典于《唐诗纪事》“李贺每旦出，骑弱马，背锦囊，遇所得赋诗，书投囊中”。乾隆时期，寻诗径是一条用叠石构成的石涧，

小有天亭

乾隆诗中记述这里“苔径缭曲，护以石栏，点笔题诗，寻幽无尽”。光绪年重修谐趣园时，增建兰亭、游廊等建筑，石碑移入兰亭内。

湛清轩在兰亭北侧，清漪园时此处名墨妙轩，轩内壁间有《续三希堂法帖》石刻，乾隆时曾捶拓馈赠亲贵大臣，称“墨妙轩法帖”。现轩内遗存御碑一块。轩坐北朝南，檐柱间悬挂匾额“湛清轩”，楹联：万笏晴山朝北极，九华仙乐奏南薰。

涵远堂在谐趣园水池北部正中，原是慈禧来这里游园时休息的便殿，殿内有精美雅致的木雕装修，建筑坐北朝南，阶前石码头为慈禧的登舟之处。

瞩新楼在涵远堂西面，乾隆时名就云楼，为原惠山园八景之一。光绪时期重建时改今名。楼坐西朝东，建筑巧妙地结合了地势，从东侧看楼的结构为两层，西侧看为一层。二层悬挂“瞩新楼”匾额，上层楹联：万年藤绕宜春苑，百福香生避暑宫。下层楹联：瑶阶昼永铜龙暖，金锁风清宝麝香。

澄爽斋在谐趣园内水池西侧，清漪园时名澹碧斋，为原惠山园八景之一。光绪重建时易今名。建筑坐西朝东，斋前有勾栏式码头。

霁清轩在谐趣园北面，为一独立的庭院。建筑群的中心有天然石峡清琴峡，引水东流出园。主体建筑霁清轩位于峡南高处，面阔三间，其东有亭一座。轩西北清琴峡面阔三间，坐西面东。随山势建有游廊，其间有亭，并连建有多处房屋。建筑群的东北角是霁清轩的北门，乾隆时，这里是清漪园的东北门。

霁清轩始建于乾隆十九年（1754），原属于惠山园的一部分，嘉庆年后独成一院。光绪十七年（1891）与谐趣园同期重建。1950 年后，为北京市委休养所占用。

昆明湖区

知春亭在玉澜堂以南、紧邻昆明湖东岸的小岛上，有木桥与岸相通。亭西面还有一个更小的岛，两岛之间也用桥连接。亭东长桥，在文昌阁北侧，为光绪时新建。坐落在小岛正中的知春亭，四面临水，亭畔叠岸缀石，植桃种柳，冬去春来之际，此处冰融绿泛春讯先知，是园内赏春、观景的佳处。

文昌阁在昆明湖东堤北端，得名于文运昌盛，修建为一座城关式的建筑。“文昌”即文昌帝君，为道教神名。在园林的原始设计中，万寿山西麓的宿云檐城关供奉关圣帝君，这里供奉文昌帝君，取文武辅政的寓意。

知春亭

文昌阁

文昌阁是园内6座城关（宿云檐、文昌阁、千峰彩翠、寅辉、紫气东来、通云）中最大的一座，始建于乾隆十九年（1754），城基上原为三层楼阁，光绪十七年（1891）改建两层。南面城墙券门上方石刻“文昌阁”匾，一层南檐柱联：石窗湖水摇寒月，山峡泉声报早秋。北檐柱联：日月往来苍翠杪，烟云舒展画图中。二层北檐柱联：窗迎紫翠千峰月，帘卷玻璃万顷秋。阁内一层北侧有须弥座，上为文昌帝君铜坐像，两侧各有一站立童子像，西侧有帝君的乘骑铜制白特。乾隆时期，昆明湖东、西、南三面没有围墙，文昌阁城关是从东、南方向入园的一座重要城门。

耶律楚材祠、耶律铸墓在文昌阁的北侧，是一组封闭的院落，祠门坐东朝西，前檐悬挂“耶律楚材祠”匾，金柱檐上挂“元枢宰化”匾。庭院中有乾隆皇帝题写的耶律楚材墓碑及陈放在原墓道上的汉白玉石翁仲。正殿殿内明间为泥塑耶律楚材像，前设香案。殿后有耶律楚材墓室。

元代耶律楚材次子耶律铸夫妇的墓葬在耶律楚材祠东南，为多室砖墓，由墓道、墓门、前室、前室的东西侧室、后室及后室的两个侧室等部分组成。墓道早期被破坏，墓室被盗过。据墓志：耶律铸生于1221年五月初三，卒于1285年四月十二日，享年

耶律楚材像

65 岁，妻奇渥温氏卒于 1285 年五月初六，享年 33 岁，同年七月十五日两人同时下葬。1998 年 9 月 19 日，颐和园在施工中发现这座砖室墓，经向有关园林、文物部门报告后，由北京市文物研究所派考古人员进入现场发掘，发掘工作 10 月 14 日结束。耶律铸墓葬形制独特，是近年北京发现保存最完好，规制最大，级别最高的元代墓葬。该墓的发现，确定了此地为耶律楚材家族墓地。为更好地保护和展示这一历史遗迹，1999 年颐和园投资 155 万元，组织实施墓室的保护工程。由清华大学建筑设计研究院设计，北京城建集团四公司负责施工，在不封闭地面、不动墓室基础及结构的情况下，采用地下局部降水位的方法，使古墓更真实和完整地保存，形成地下展厅和地上展室，与耶律楚材祠配合开放。

十七孔桥在东堤廓如亭和昆明湖中的南湖岛之间，桥长 150 米，宽 8 米，有 17 个券洞连续而成，是园内最大的一座桥梁。青石筑成的桥体，汉白玉栏杆，桥栏望柱上共雕有神态各异、大小不同的石狮 544 只，装饰的精美可与著名的卢沟桥石狮媲美。桥的两头有 4 只石刻异兽，形象威猛，极为生动。南侧桥中心栏板石额“滫蛛凌波”，楹联：烟景学潇湘细雨轻航暮屿，晴光总明圣软风新柳春堤。北侧石额“灵鼍偃月”，楹联：虹卧石梁岸引长风吹不断，波回兰桨影翻明月照还望。十七孔桥始建于乾隆年间，由于桥体的砖石结构，咸丰十年（1860）未毁，为清漪园时原物。在园林整体布局中，十七孔桥西连南湖岛，东接廓如亭，如一道长虹卧波，形成昆明湖面上极为壮观的风景。

廓如亭俗名八方亭，在十七孔桥东端。亭坐北朝南，八角重檐，建筑面积 384.95 平方米。这座亭子不但在颐和园 40 多座亭子中是最大的一座，在中国同类的园林建筑中也是最大的一座。亭内有 8 块木匾，上面雕刻乾隆御制诗文。亭子的体态舒展稳重，

昆明湖十七孔桥

十七孔桥和南湖岛

气势雄浑，颇为壮观。廓如亭始建于乾隆十九年（1754），光绪十四年（1888）重修，沿用了清漪园时的旧名。

南湖岛因位于昆明湖南部而得名，岛的平面近似椭圆形，东、西宽 120 米，南、北长 105 米，面积 1 公顷。环岛以整齐的巨石砌成泊岸，并用青白石雕栏围护。岛上北半部以山林为主，南半部以建筑为主。主体建筑涵虚堂耸立在北岸山石叠起的高台上，北面与万寿山上的佛香阁遥相辉映，互为对景。南面又和两边的配楼月波楼、云香阁鼎足相立，构成岛上南北向的中心轴线。建筑两侧的广润祠和澹会轩建筑群分别构成岛上东、西两侧的南北向轴线，这三条轴线各有一端延伸至岸边成为码头或水榭。

牌楼在南湖岛上，正对着十七孔桥西桥头，东、西、南各有一座，四柱三楼冲天式，东牌楼正楼石匾东面“凌霄”、西面“映日”。西牌楼正楼石匾东面“镜月”、西面“绮霞”。南牌楼正楼石匾北面“虹彩”、南面“澄霁”。此三座牌楼原为二柱七楼，乾隆三十八年（1773）改为四柱三楼。

涵虚堂在南湖岛北侧坡顶处，坐南朝北。后抱厦外廊三面为汉白玉望柱栏杆。北面匾“词林春丽”“鸿风懿采”，南面匾“涵虚堂”“晴川藻景”。南面檐柱对联：天外绮霞横海鹤，月边红树艳仙桃。北面有蝠式台阶，下石洞上石匾“岚翠间”，石联：刊岫展屏山云凝罨画，平湖环境槛波漾空明。

乾隆十九年（1754），此处曾仿武昌黄鹤楼建有一座望蟾阁，阁高三层，隐现在天光水色中，虚无缥缈，有仙山琼阁的意境。嘉庆年间因建筑隐患将阁拆除，改建涵虚堂。光绪年间重修时，在涵虚堂南侧添建宫门一座，门内左、右对称两座楼，东为云香阁、西为月波楼。宫门为垂花门形式，坐南朝北，垂花门南侧有砖影壁一座，歇山顶，方砖墙心，墙中为圆门，西、北有瓶门一座。

月波楼位于涵虚堂的西北侧，匾额“月波楼”，楹联：一径竹阴云满地，半帘花影月笼纱。琪花银树三千里，云影瑶台十二层。云香阁位于涵虚堂东南侧，现为餐厅。

广润灵雨祠是一座龙王庙，在云香阁的南侧。建筑坐北朝南，明间金柱间匾额“泽普如春”，明间檩柱匾额“灵岩霞蔚”，檐柱楹联：云归大海龙千丈，雪满长空鹤一群。明间有佛龛长3米，上坐金面龙王一尊。寺周围有红院墙。正南琉璃门，歇山顶有正脊，两扇攒边门。门两侧及祠东北侧各有一座随墙门。

龙王庙龙王像

龙王庙是乾隆十五年（1750）在明代西湖东岸龙王庙的旧址上重新修

建的，庙内原供奉正神一尊、从神六尊。园林建成后，每年的春秋两季，皇帝或亲至，或派大臣到庙中拈香祭祀祈雨。光绪二十八年（1902）修缮。现存神像为复制。

鉴远堂在南湖岛南岸，坐北朝南，建筑始于乾隆十五年（1750），现存建筑为光绪年间重建。鉴远堂北侧有澹会轩。

凤凰墩是南湖岛南面的一个小岛，乾隆年间建有两层楼式建筑名会波楼，楼上因有铜凤凰式风标又称楼为凤凰楼。道光年间，楼被拆除。光绪年间在岛上建小亭，后毁坏。1955 年在凤凰墩岛上重建小亭。

绣漪桥在昆明湖南端，是颐和园的一座水门，形状与西堤的玉带桥相似。桥东西向坐落，汉白玉单拱，高约 9 米。昆明湖上的桥，凡采用拱券结构的，都是帝、后的龙舟要穿行的。

绣漪桥

西堤和西堤六桥在昆明湖西部，乾隆时仿照杭州西湖的苏堤修筑。这道长堤和玉泉山、西山组合在一起，使颐和园有限的空间大无边际。西堤的修筑，增添了昆明湖的景色，使水上景物丰富多姿。在西堤柳条吐绿、桃花绽红的季节，一条彩色缤纷的长堤，浮现在昆明湖的西部，是难得的画境。掩映在湖光山色中的西堤六桥，也是仿照苏堤六桥建造的，由北向南排列的顺序是：界湖桥、豳风桥、玉带桥、镜桥、练桥、柳桥。在练桥和柳桥之间，还有一座玲珑精致的景明楼。

界湖桥位于昆明湖和后湖转折处，南北方向坐落。顾名思义，界湖桥以分界湖水得名。在乾隆修建的清漪园中原名柳桥，而现在西堤南端的柳桥则称为界湖桥，光绪十二年（1886）修建颐和园时，把这两座桥的名称互易了。

豳风桥在界湖桥南面，是一座长方形桥亭的屋桥，南北方向坐落。在清漪园时称桑苎桥，后因避讳咸丰皇帝奕詝的名字而改用《诗经》中《豳风·七月》的诗意为桥名。桥的西部建有耕织图、蚕神庙、织染局、络丝房、水村居等颇具江南特色的田园村舍，有江南水乡的风韵。

西堤豳风桥

西堤玉带桥

玉带桥是西堤上唯一的一座单孔高拱石桥，也是颐和园中著名的建筑之一。桥身用汉白玉和青石砌成，高约 8.7 米。玉带桥的桥体拱高而薄，形若玉带，弧形的线条十分流畅。洁白的桥栏望柱上，雕有各式向云中飞翔的仙鹤，形象生动，反映了雕刻工匠的艺术水平。东立面正中栏板上镌刻石额“玉带桥”。这座桥是当年乾隆皇帝从昆明湖乘船到玉泉山的通道。

镜桥在玉带桥南，以唐朝诗人李白“两水夹明镜，双桥落彩虹”的诗句名命。桥上一座八角重檐的桥亭，是中华人民共和国成立后根据柱基设计恢复的。

练桥的桥名取自堤式，桥亭为重檐四角攒尖方宝顶。

柳桥在西堤南端，也是一座屋桥，桥名源自柳色。

景明楼在柳桥北侧，是乾隆年间仿湖南洞庭湖畔的岳阳楼修建。楼名出自宋代范仲淹《岳阳楼记》中“春和景明，波澜不惊，上下天光，一碧万顷”的诗句。原建筑被英、法联军焚毁，现存楼阁是 1992 年在原基址上复建的。整组建筑由一座正楼和两座配楼组成。

畅观堂在昆明湖西湖西岸的山坡上，是园内西南部重要的景观建筑群。清漪园时，山坡上以正殿畅观堂为中心，东、西两侧对称地建有配殿，名曰怀新书屋和睇佳榭。由拐角廊连接。光绪年间修建颐和园时，重建畅观堂正殿和东、西配殿，在西南建八角重檐亭，东南建六角单檐亭。土山西北山脚下及东南山脚下建房 32 间。

藻鉴堂在昆明湖西湖南半部湖中的岛屿上，原为一组精美的建筑群。中心建筑藻鉴堂是一座两层的楼阁，后有高台名春风啜茗台，是皇帝御临时品茶观景之处。南面临湖，有两座钓台对称地延伸至水中，极为幽静。建筑始于乾隆十九年（1754），咸丰十年（1860）被英、法联军焚毁，光绪年间未重建。光绪十七年

景明楼

（1891）时在藻鉴堂岛添建码头。1937年将残存建筑拆除。1949年后，藻鉴堂岛上新建楼房，现为北京市政府干休所使用。

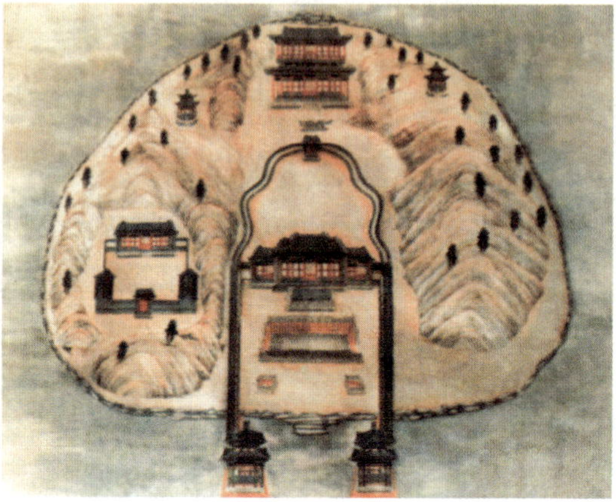

样式雷绘藻鉴堂图

治镜阁在昆明湖西湖北半部湖中的岛屿上，原为一组圆形城堡式的高大建筑。城堡共有内、外两重城墙，各设四门，内层上建十字形楼阁，建筑级别较高。阁周围还有四座两柱三楼的牌楼。四面门匾按方位题为“晖朗东瀛”“南华秋水”“爽凝西岭”“北苑春山”，可以隔水环眺四周不同风光。建筑群始于乾隆二十年（1755），咸丰十年（1860）英、法联军焚园时，治镜阁因四面临水，且远离万寿山主体建筑群而幸免于难。光绪十三年（1887），慈禧修建颐和园资金短缺，不得不拆下治镜阁的砖石木材去营造万寿山上庞大的宫殿，于是岛屿荒

样式雷治镜阁画样

芜，原建筑仅存基址至今。

耕织图在昆明湖玉带桥的西北面，原为一处有着江南水乡耕织情调的建筑群，由延赏斋、玉河斋、蚕神庙、织染局及水村居组成。景区内有乾隆御书的耕织图石碑，玉河斋左右廊壁间嵌耕织图石刻。建筑群始建于乾隆十九年（1754），咸丰十年（1860）除耕织图石碑外，全部建筑毁于英、法联军。光绪十二年（1886）在此处修建水师学堂，光绪十七年（1891）增建西园墙时，将遗址划出园外。1998 年，颐和园管理处收回遗址，并作出规划逐步恢复其原有风貌。2003 年，景区复建完成开放。

石舫、寄澜堂在昆明湖西北部，是一条大石船，始建于乾隆十九年（1754），造型仿自江南园林中的“舫”式建筑。船体全长 36 米，用巨大石块雕琢而成。原建筑上部的舱楼为中国传统

2000年复原耕织图景观

的木构舱楼式样，分前、中、后舱，后舱为两层。光绪十八年（1892）重修时，改建成现在的西洋式舱楼，更名清晏舫。石舫东侧的寄澜堂为一组院落，主殿寄澜堂，为水榭式建筑，有游廊、木桥与石舫及院落其他建筑相通。寄澜堂始建于乾隆二十年（1755），光绪十七年（1891）七月重修，成砌寄澜堂两边游廊后檐墙，安什锦窗桶座。北面瓶门什锦窗花墙砌成墙身。

荇桥在石舫西侧，以水中荇藻命名。建筑为屋式一平二超三孔石桥，东西向跨越在万字河上，重檐攒尖长方形宝顶，花岗岩石桥基，青石台阶。亭柱下脚各有石狮两个。东牌楼题额“蔚翠”“霏香”，西牌楼题额“烟屿”“云岩”。这座桥是昆明湖与后湖的分界。牌楼为1992年11月复建。

后湖又称后溪河，从万寿山西麓尽头处的荇桥开始，沿着万寿山的北坡，时宽时窄、时直时曲，清流宛转直达万寿山东部的谐趣园。沿水俯视这一条溪河清波的，是两岸的垂柳和应时应节、

清晏舫

自开自谢的山花。这里的景色与前山迥然不同，像前山那样金碧辉煌的建筑，在这里都隐入苍松翠柏的浓荫之中，偶尔露出飞檐的一角，逗引人寻找它的所在。

荇桥

西所买卖街又称小苏州街，是园内一处模仿江南形式的镇集市肆，在园林西部石舫北侧，东傍山脚，西临万字河，北达宿云檐城关。这里的建筑布局是“前街后河”，区别于后溪河买卖街的“一河二街”形式。乾隆年间，西所买卖街开设有集彩斋、鸣佩斋、日升号、瑞生号、天章号、致和斋、蕙兰轩、百味馆、天露店、万馥楼、益佛号、集锦楼、淑芳号、泰和馆、裕丰当等铺面房。慈禧重修颐和园时没有恢复这里的街面，而改建成园林建筑。现西所买卖街的东侧傍山有两层的延清赏楼、一层的斜门殿和穿堂殿。西侧，有荇桥跨越万字河上。桥侧有临河殿，过桥是五圣祠、迎旭楼等景观，依然保留了江南水乡的风貌。

后溪河

临河殿在万字河的东岸，荇桥东北侧，建筑坐西朝东，平面呈拐角形。匾额“临河殿”，殿内匾额“仁洽道丰”。

穿堂殿在临河殿东侧，坐东朝西。檐檩匾额“穿堂殿”，楹联：邃馆来风清檐驻月，丹墀聚叶镂槛飞花。

斜门殿在穿堂殿北侧，是一座坐东朝西的斜式殿房。檐檩匾额“斜门殿”，楹联：玉耸遥峰晴岚挂树，珠排华阙斋采飞霞。

小有天在穿堂殿南侧，是一座圆形的小亭。山面连接穿堂殿和西北侧房的前廊。虎皮石台明石角柱，西侧有山石护坡台阶。西南两柱间对联：坞暖留云画栏新锦绣，亭虚待月福地小蓬莱。

延清赏楼在小有天的北面，依山西向，建筑为两层，前后廊，两层明间，檐檩匾额“延清赏楼”，楹联：彩仗丽寅阶星辉云烂，珠华凝甲篆气淑年和。

临河殿

五圣祠在万字河西面小岛的南端，是仿照苏州城内沿河一带的五通庙修建的庙宇，内供五圣。建筑坐北朝南，三面临水，庙门前为码头。整组庙宇由正殿五圣祠、东西配殿、后罩殿及北侧房组成。庙的北山墙与迎旭楼相邻。祠在乾隆十九年（1754）建成后，殿内供奉正神5尊，坐像绿法身上五彩，从神14尊（10尊站像、4尊坐像）均为泥胎上中五彩，1966年“文化大革命”中神像被毁，至今未恢复。

迎旭楼在五圣祠的北面，是一座坐西朝东的两层楼房，周围有嵌什锦窗灯的花墙。门外，就是荇桥的西桥翅。建筑匾额“迎旭楼”，楹联：玉砌朱阑不雨亦润，池台金碧倒影斜阳。下层东向楹联：丽藻星铺雕文锦褥，揄扬盛美宴集横汾。

澄怀阁在迎旭楼北侧，万字河西北侧。建筑为两层，前后有廊。二层匾额“澄怀阁”，上层楹联：水木清华平分瀸润，坐揽风月高处胜寒。下层楹联：歌咏升平觞游曲水，池帘夕敞岫幌宵寒。建筑西侧临水有码头，北接什锦窗砖墙，南接西南房。

宿云檐

宿云檐在万寿山西麓尽头处，又名贝阙门。始建于乾隆十八年（1753），是一座城关式的建筑，与万寿山东麓的文昌阁互为对景，寓意文武辅政。乾隆时期，昆明湖三面没有围墙，这座城关是从西部入园的门户。建筑坐北朝南，南、北立面城台正中有砖拱券门，城台上沿有垛口墙。北面拱门上有汉白玉石额“宿云檐”、内檐匾额“贝阙”。

船坞即船屋，在宿云檐西北侧，面阔40间，坐北朝南。始建于乾隆年间，光绪时重修。

半壁桥在宿云檐北，呈南北方向横亘在后溪河上，是乾隆时期清漪园的遗存建筑。桥为单孔拱形，桥基和卷券为青石砌筑，桥身为砖墙，汉白玉勾栏式桥栏板，单面台阶38级。桥东侧拱桥，“文化大革命”时为行车方便新建。

通云在后湖北岸，是一座小巧的城关式建筑。

苏州街原称万寿买卖街，1986年复建后名清漪园宫市。原建筑群是乾隆十九年（1754），皇帝为取悦母亲及后妃，在万寿山后山四大部洲中轴线下、后溪河的中心地段，仿照江南苏州的水街修建的一处皇家宫市。这条街全长约270米，建筑布局模仿了浙东一带常见的“一水两街”的形式，以后溪河中段的三孔石桥为中心向两侧展开，两岸60余座200余间铺面鳞次栉比，以河当街、以岸作市。苏州街的铺面房，尺度小于一般建筑，每间面积仅为一般建筑的四分之一。建筑形式纯属民间典型的铺面房，不是宫廷中的大式做法。青瓦、灰砖、粉墙，体现了江南民间房舍的朴素淡雅，而在牌楼、牌坊及拍子的修建上又使用了北方的风格，以北方建筑富丽、浓艳的色彩渲染点缀于江南清秀妩媚的水乡之中，营造出皇家园林特殊的宫市特色。据《内务府黄册》中不完全记载，买卖街上有楼房10余座、拍子60座。建有牌楼

1990年复建的苏州街

者至少 6 座、牌坊 15 座。店铺名称有：通裕号、泰来号、六和号、恒升号、可源号、芳雅斋、集锦楼、辐辏号、丰和号、经纬号、履祥斋、细香铺、云翰斋、品泉斋、怡古斋、妙化斋、吐云号、福泉楼、芬芳楼、同春号、万源堂、云汉堂、兰馨堂、锦成号等（拍子 29 座计 120 间，芳雅斋、锦成号转角楼两座，计 9 间）。从字号中分析：履祥斋售鞋、妙化斋售供器、经纬号售绸布、吐云号售烟草、云翰斋售文房四宝、怡古斋售文玩、品泉斋是茶馆、芳雅斋是酒楼、通裕号做银号生意、芬芳楼卖花、鸣佩斋卖乐器等，民间市上的五行八作几乎在这里一应俱全，但是买卖街由太监扮商人，宫女扮顾客，甚至鞋靴、果菜等商品俱是木制假品。宫市只是假做买卖、供帝王嫔妃留恋江南风物，而移来江南情景所欣赏，毫无商业的实际功能。咸丰十年（1860），万寿买卖街被英、法联军一把大火焚毁，光绪十二年（1886），慈禧修建颐和园时曾绘制出一张《颐和园万寿山内后山长河添建点景房间游廊等图样》，拟将买卖街改为园林建筑，但此图样并未落实，买卖街任其荒残。至1949年，此处荒草丛生。1987年开始，经过4年的复建，完成了现在的景区。街内酒楼、茶馆、当铺、钱庄、药铺、书局、染坊、糕点铺一应俱全。

苏州街的中心是一座三孔石桥，跨越后溪河的南北两岸，按历史档案复建的60余家店铺，就分布在石桥两侧的湖岸上。

妙觉寺在苏州街北侧，是一座3间的小庙。建筑坐北朝南，面积34.4平方米。拱门上方匾额“妙觉寺”。

花神庙在苏州街北侧，建筑坐东朝西，面积13平方米。一间小小的庙宇，聚集了花神、地神和山神，与众不同。

苏州街毁后

花神庙

北宫门位于苏州街三孔石桥北侧，坐南朝北，是颐和园主要的宫门之一。建筑形式为两层，前檐两层明间匾额“凤策扬辉”，后檐两层明间匾额“兰馨菊香”。楹联:雉扇开时娲簧喜奏齐天乐，凤韵谱处舜琯偕陈益地图。北宫门东、西罩门各一，宫门外有东、西朝房及石桥、影壁。

后山、后湖建筑群，将中国西部西藏式的庙宇同江南水乡的临水街市浓缩在一个风景区里，安排在一条建筑轴线上，堪称匠心独运。苏州街在别处也有修建，但是这样的景区环境，在中国皇家园林中仅此一例。

清末北宫门

建筑装饰

装修

颐和园的建筑装修分为外檐装修与内檐装修两大项，属宫廷建筑装修的范畴，基本上为官式做法。为协调园林的性质和环境，装修虽然保持着宫廷的色彩但在形式和花样上则比一般宫廷建筑丰富得多。外檐装修是建筑形象屋身部分最富于表现力的构件，分为门、窗、楣子、栏杆、匾联等类。它们的款式、制作方法依附于建筑的形式，并视建筑物的等级而有一定之规。内檐装修主要有槅扇、罩、多宝槅 3 类，槅扇是可以任意装卸、移动的不空透的隔断，罩和多宝槅是空透的和半空透的隔断，它们能增加建筑物内部的艺术气氛，而后者还可以扩大室内的景深，创造灵活多变的流通空间。

外檐装修中最丰富的是门，门是建筑物的出入口。颐和园以东宫门为正门，在园的东、南、西、北各方还设有新建宫门、南如意门、西宫门、北宫门、西北如意门等，除这些主要园门外，园内每组建筑群和小园林也设置各自的正门、后门和侧门。门的建造形式多种多样，不仅有使用和防卫的实用功能，在建筑艺术形象上也反映了封建礼制的等级差异，也是建筑群体甚至园林成景的点缀。

宫殿式大门在皇家园林中是重要建筑群的正门，如东宫门和排云门，为红色门扇，装铜制的兽面铺首，门扉上横竖各排列 9 颗镀金的圆钉，为宫廷建筑最高等级。北宫门也是宫殿式大门，但上下两层的建筑形式区别于东宫门。颐和园宫殿式大门的造型、装修、色彩都与各宫殿建筑群相配套，组成统一的整体。

屋宇式大门在颐和园中用作一般建筑群的主要出入口，有些类似北京王府大门的形式。如玉澜堂宫门、谐趣园宫门、德和园门等。谐趣园宫门画门钉，涂金色。

垂花门一般为居住建筑或小园林的正门、殿堂建筑群的侧门或后门，在颐和园建筑中运用最多，造型最丰富也最富有特色。如宜芸门、德和园后门、画中游后门、南湖岛澹会轩院东西门、贵寿无极院东西门以及益寿堂、霁清轩、无尽意轩、介寿堂、清华轩、云松巢等各院院门均为垂花门，一开间三檩悬山勾连搭顶，前后出檐下垂，均有抱鼓石，有抱框，门上有门簪，有门钹，无门钉。西一所院门亦为垂花门，但门扇为4扇屏门。乐寿堂东院东门为垂花门式，但处于走廊之中，上后檐下垂。长廊的入口处邀月门面阔三间，中间一间最宽，门顶卷棚歇山式，前后檐垂莲柱的上下枋之间以镂空的花板装饰，属垂花门的一种变体。画中游后部通向湖山真意的垂花门，只有一个悬山屋顶跨在围墙之上，前后悬挑出檐安垂莲柱，是垂花门的一种简化形式。

洞门是直接在墙上开各种形式的洞框，有圆、方、六角、八角、葫芦、蕉叶、海棠、瓶形等形状，是颐和园中形式最简单的门。如扬仁风院门、永寿斋院门、无尽意轩后门及涵虚堂南之宫门南的东、西二门为圆形门，俗称月亮门，门内均安屏门4扇。谐趣园西墙北部之门及月波楼院之西门均为瓶形门，不加屏门。洞门嵌在光墙面上，门框边饰以磨砖、砖雕，有时在檐部梢加瓦件的装饰，简洁、大方、素雅，门洞本身往往成为摄取景物的优美景框，两个相邻的景域通过洞门的连通景物可以互为因借。

屏门比较常见，在颐和园中用于垂花门的后檐和墙垣上的洞门，油漆成墨绿色。德和园前院东、西门为大型屏门，各有4门扇。排云殿院内墙垣中、乐寿堂走廊中等多处都有4扇一组的屏门。

如意门意为如意，实是便门，均高大，只有门框及两门扇。颐和园东北角、西北角、东南角、西园墙（藻鉴堂岛之西）、东园墙（绣漪桥北）均有如意门。1949年后，西园墙如意门改建为新式园门（为供车进出），东园墙如意门因扩展马路园墙内推被拆除。但在文昌阁以北、以南仿原如意门式样新开如意门3处。其原有之东北角如意门称为东北如意门，西北角之如意门称为西如意门，东南角之如意门称为南如意门。

排云殿内槅扇

颐和园中还有一些特殊式样的门，像仁寿门是将牌楼、衙门之“仪门”、祠观之“棂星门”3种式样相结合的门。有门扇二，有门簪、门钉，亦贴金，有戗柱，形象别具一格。而养云轩的院门用砖石做成钟的式样，内置屏门4扇，在中式建筑中又体现出西洋风格。

槅扇门在颐和园中一般安装在殿、堂、轩、馆、楼、阁、斋、室、榭、亭等建筑物的明间或若干间上，每间4扇、6扇、8扇不等。槅扇门有狭长形的门框，上部在总高度约五分之三以上为空透的格心，下部的五分之二是实心的“裙板”和“绦环板”。格心以木棂雕成各式图案，“菱花格心”规格最高，只能用于重要的殿堂，有双交四碗、三交六碗、三交球纹六碗等纹样。“平棂”比较简单，用于一般殿堂和居住、游憩建筑。最常见的纹样有步步锦和灯笼锦，还有冰裂纹、亚字纹、钱文、盘长、万字纹、回纹、竹枝等纹样。颐和园中仁寿殿的殿门属规格较高的槅扇门，由4扇槅扇组成一组，上半部空透的格心，以木棂雕成菱花格心，下半实心“裙板”和“绦环板”，板上浮雕如意纹。中间两扇槅扇门对开，槅扇门四角及两侧中部雕花贴金，前面有帘架。左右两扇槅扇门反方向开。而园中其他殿堂和各式建筑之门多是另一种槅扇门，也是4扇槅扇门为一组，中间两扇对开，前有帘架及风门，左右两扇反向开。这种槅扇门上，上半部格心是以木棂拼成灯笼锦或步步锦（乐寿堂、玉澜堂、宜芸馆是灯笼锦，仁寿殿南北配殿、颐乐殿、永寿斋为步步锦）图案。下半部裙板也浮雕五福捧寿，这种槅扇门上无贴金。

外檐装修中的窗有槛窗、支摘窗、横披窗、什锦窗等形式。清代宫廷建筑，遵循严格的修造规则，不同的建筑根据其不同的形式、等级，外檐装修有固定的模式。从外檐装修上能够反映出建筑物的性质、规格和等级。但清代皇家的园林建筑，根据各园不同的造景需求，外檐装修的运用又有一定的灵活性。颐和园中一些重要的殿堂，为取得与山水环境的协调统一，也有打破固定模式不用菱花格心槛窗而用平棂槛窗或支摘窗的。厅堂一般都在前后檐两面安装门窗，但若处在能环眺的制高点上则有三面或四面均安装门窗甚至四面全部装设槅扇的。外檐装修既能遵循规矩而又能因地制宜，不拘一格，是颐和园建筑装修的重要特色。

槛窗的做法与槅扇相似，仅以坎墙取代槅扇下部的裙板，格心的纹样图案为菱花和平棂两种。在建筑装修上，槛窗与槅扇配套使用，颐和园仁寿殿的槛窗形式随门，上下两扇，菱花格心，四角雕花贴金。东宫门、北宫门两梢间，玉澜门两次间也是槛窗，菱花格心。

支摘窗在各殿堂及其他建筑中使用广泛。窗的形式、图案也做成灯笼锦或步步锦，花样随门。支摘窗上下两扇，里外两层。外层上扇可以支起，下扇可以摘下。里层上扇为井口方格棂，春秋冬三季糊纸，夏季糊冷布，下扇为玻璃窗。颐和园建筑中的支摘窗基本使用了这种做法，唯独庆善堂东次间、东梢间里层上扇全部安装了玻璃窗，这是光绪三十一年（1905）为慈禧太后画像时改装的。清代从雍正、乾隆时期就已经大量使用玻璃窗。

横披窗是一种固定不开启的通风高窗，用于比较高大的殿堂建筑，窗的格心图案与槅扇和槛窗是一致的。这种窗在颐和园中使用较多。

什锦窗安装在院墙上面，主要起装饰和漏景的作用。乐寿堂三面走廊及无尽意轩、介寿堂、清华轩、云松巢、益寿堂等处垂

颐和园什锦灯窗

花门两侧走廊之半廊墙中镶有什锦窗，尚有德和园西北门至乐寿堂东走廊及迎旭楼、澄辉阁之西院墙上，窗框有方、圆、桃形、方胜、套环、十字、蕉叶等多种形式，两面安玻璃，上绘花卉，中可燃灯点缀园林夜景。扬仁风有什锦窗在墙壁中。

楣子的形象玲珑活泼，在外檐装修中一般安装在带檐廊的厅堂、居住和游憩建筑或游廊的檐柱之间的额枋下面，以细木条拼成步步锦纹样，个别的也有冰文、亚文、万字、盘长、井口等纹样。楣子两端与立柱交接处以透雕卷草纹的三角形木块承托，叫作“花牙子”。

坐凳栏杆安装在游廊及带廊的建筑首层檐柱之间的地面上，与楣子配套上下使用，故纹样图案与楣子一致。坐凳栏杆兼有坐凳的功能，高度约为 35 厘米，可供歇坐。它与上面的楣子配合点缀建筑空间，往往是一幅绝好的框景。颐和园所有的游廊、走廊、爬山廊均有楣子坐凳，均为步步锦花样。

颐和园匾

匾联悬挂在建筑物明间的檐下和两柱上，以诗文、书法、工艺相结合的形式而作为园林建筑形象的重要装饰。颐和园的匾联是北京所有园林中最多的，园内有 3500 间古建筑，每一处建筑几乎都有匾联。匾一般是长方形的，个别的也做成卷书形。对联亦为长方形随圆柱成凸面。木制的外檐匾联经过精心装潢制作，黑底凸出金字，隆起雕花的金边，与彩画一样，需用真金镶贴而成。词句大多为建筑和风光的点睛之笔，有些匾额颇能点出风景的特征，像“湖山真意”“画中游”等。书法的风格圆润、清秀、平和，许多出自皇帝的御笔。颐和园匾联的内容有着浓郁的文学艺术色彩，涉及中国传统文化的许多领域，包括书法、历史、文学、诗歌、绘画和一些文人雅士的趣闻逸事等。园中许多匾联出自唐宋诗词名句，借助古典诗文对园景进行点缀、生发、渲染，化景物为情思，产生意境美，增加了颐和园艺术的感染力。

内檐装修是中国建筑利用木框架结构给予室内布置以极大的灵活性而创造出极其丰富的形式，远非世界上其他建筑体系所能企及。皇家园林颐和园的建筑物为了适应帝王奢华的宫廷生活和多样化的日常起居，更是集中了内檐装修的精华；无论形式的多样变化，还是制造工艺的精致，都达到了最高的水平。园中凡开间多进深大的厅堂，除槅扇外几乎都安装各种款式的罩和多宝槅，把单一的室内空间转化成多样性的复合体，同时也显示出皇家建筑的精雕细刻和豪华气派。

槅扇又名碧纱橱，在颐和园的殿宇中作为间与间之间的隔断，形式与外檐装修的槅扇相似。每组槅扇为双数，按 4 扇、6 扇、

8 扇安装在建筑两柱之间，也有多达 10 扇以上的，在上槛悬匾额、福方、贴落。内檐槅扇的尺寸比外檐槅扇要小一些，做法也较为精致。格心多以木棂拼成灯笼锦纹样，也有亚字纹、回纹、冰裂纹等。格心上糊绢纱和各种字画，裙板的板心饰以各种精雕细刻的花纹。如供出入者，中间两扇前安帘架以备悬挂帘子。中槛与上槛之间安横披窗，上槛以上悬挂匾额或裱糊大幅字画。每扇槅扇均两面对外，下半部贴浮雕花样如五福捧寿，上半部内框西面对外，一面固定，一面可摘下，上半部有多种做法，一种周围镶紫檀木，中间镶玻璃，一种周围作灯笼锦框、万字框、冰裂纹框等，两面框中糊蓝纱，扇框中间是两面字画（如意馆作品）。各殿花样不同，如乐寿堂内西间卧室是万字灯笼锦，东间为灯笼锦，而独涵远堂内槅扇均为“拱璧拉绳”图案。殿宇中的槅扇可根据需要移动位置，必要时可以拆卸，两个房间就能合而为一。仁寿殿、玉澜堂、宜芸馆、乐寿堂、颐乐殿及排云殿正殿未有移动外，其他配殿和轩、斋、楼、馆等之隔断有所移动。

罩在颐和园很常见，有落地罩、飞罩、栏杆罩、圆光罩、八角罩等。落地罩与飞罩装设在炕床前的则为炕罩。罩的中槛与上槛之间安横披窗，上槛以上悬挂匾额或裱糊大幅字画。乐寿堂、玉澜堂、宜芸馆等帝、后就寝的木炕前沿设各种形式的炕罩和落地罩，做灯笼锦框。仁寿殿、排云殿、乐寿堂、颐乐殿、德晖殿等殿堂均有栏杆罩，下部为栏，有两面雕花栏板，上部空透，顶部有雕花下垂。排云殿、玉澜堂等殿堂均有落地罩。落地罩左右各一扇槅扇，上托一行横披窗。扇框与槅扇同，有不同花样边框，框中有字画。落地罩之完全用雕花者称花罩，涵虚堂的花罩，雕花为岁寒三友缠枝牡丹，较有特点。花罩之不落地者称飞罩，园中乐寿堂中的飞罩具有代表性。

多宝槅又称博古架，建筑中固定于两柱之间，格内可陈设古玩和工艺品。排云殿、乐寿堂内紫檀木制多宝槅，两面对外，下部为框，上部空透作不同格式（备陈放古玩），顶部作花牙。

匾对、福方、贴落、吉祥话悬挂在颐和园建筑内，也属于建筑内装修的范畴，其内容与建筑的形式和用途有关，富于宫廷的特点。

琉璃

琉璃是重要的建筑装饰材料，自汉代由罽宾国传入中国，用于屋顶当始于北魏，明清两代，应用尤广。颐和园中使用琉璃作为建筑装饰也很普遍，像众香界的琉璃牌坊、智慧海的外墙、多宝塔的塔身，不仅装饰着琉璃瓦，还镶贴着用五色琉璃制作的小佛像，精美绝伦。使用最多的是琉璃瓦顶，多集中在万寿山中路建筑群及园中重要庙宇和建筑上，像佛香阁及走廊、敷华亭、撷秀亭、众香界、智慧海及垣墙顶和云会寺、文昌阁、新建宫门牌楼、广润灵雨祠前牌楼上，琉璃瓦顶为黄琉璃瓦心，绿琉璃瓦缘边。画中游主亭、配亭及游廊的顶部为绿琉璃瓦心，黄琉璃瓦缘边。转轮藏及配亭和走廊，五方阁及配亭和走廊上满铺绿色琉璃瓦。排云殿、德晖殿、芳辉殿、紫霄殿、玉华殿、云锦殿、排云

众香界琉璃雕花板

门、二宫门、云辉玉宇牌楼和走廊、香岩宗印之阁、四大部洲处，满铺黄色琉璃瓦。除以上建筑外，均为清水瓦顶。

颐和园建筑的琉璃瓦顶，制作工艺非常精湛，像佛香阁的阁顶由 35 种 184172 件琉璃砖瓦什件构成，每一件都有一定的规格和式样，有的还是精美的雕塑艺术品。这些琉璃制品都是在建筑物设计时就定好了尺寸，木构架完成后才安装的，它们都惊人的严丝合缝，分毫不差，表现了惊人的匠艺和不同工种间的紧密配合。

彩画

彩画在颐和园中主要是和玺彩画和苏式彩画，还有部分旋子彩画。和玺彩画以金龙为主要图案，又称作金龙和玺，色彩以青绿为基调，贴制大片金箔于沥粉凸起的图案上，取得金碧辉煌的效果。清代，这种彩画等级最高，用于宫殿等重要建筑。颐和园仁寿殿、排云殿等处的彩画属于这一类型。苏式彩画的特点是图案和绘画相结合，并运用褪晕的手法，加强立体感。苏式彩画在园内随处可见，其中以长廊彩画最为典型。苏式彩画里最大的画面呈半圆形，叫作“包袱”，里面画着山水、人物、花鸟等各式各样的传统绘画。“包袱”的外框，是用向外一道比一道浅的颜色勾画出来的，立体感非常强，把“包袱”里的画面推得非常深远。

清代宫廷彩画，要遵循严格的则例、做法，像“万寿山工程则例”“内廷万寿山画工则例”等都是颐和园彩画的规范标准。尽管受到“标准化”的束缚，颐和园彩画的特征依然用色大胆，色度鲜明，使建筑产生强烈的明暗对比装饰效果，而园林建筑彩画内容丰富，画面随着建筑性质的不同、式样的差异而有许多变化。像涵虚牌楼、东宫门及南北朝房、仁寿门、仁寿殿及南北配殿、大戏台、颐乐殿后殿及配殿、乐寿堂及配殿、云辉玉宇牌楼、排云门、二宫门、云锦殿、玉华殿、排云殿、芳辉殿、紫霄殿、德晖殿及走廊、北宫门及朝房、云会寺及配亭、香岩宗印之阁、山门及四大部洲、新建宫门牌楼、广润灵雨祠牌楼、荇桥牌楼等处，绘制的是和玺彩画。廓如亭、涵虚堂宫门等处绘制的是旋子彩画中的金线大点金。石舫舱楼上仿印度彩画。除此之外，园中大部分建筑，均绘制苏式彩画。

砖雕

砖雕在颐和园建筑中应用最多的是透风，也有用于影壁、墙面及花翅的装饰，纹饰图案以福寿吉祥为主，有用葫芦枝蔓翻卷连生而成的“子孙万代”纹，以民间传说中八仙法器组成的八吉祥纹。还有利用谐音方法，用鸟兽、花草、器物组合而成的各种图案，像寓玉堂富贵之意的海棠、玉兰和牡丹等。砖雕装饰注重与建筑的等级和环境的协调关系，宫廷生活区三大院落内，同为表达多子多孙、万代长青之意，光绪寝宫玉澜堂用“松枝双果”图案；乐寿堂、宜芸馆则采用萱草和“缠枝葫芦”纹来表达；永寿斋为大太监李莲英居所，则有莲蓬、荷叶组成的“一品清廉”纹。仁寿殿为天子理朝听政的场所，影壁则雕有“蛟龙闹海”纹。大戏台为慈禧听戏的地方，因此才有以戏剧题材为内容的“一路连科”。排云殿是为慈禧祈福祝寿的礼仪场所，充满宗教色彩。因此，花池上雕有寓意福寿从天而降的“福云绶带”纹，象征神佛保佑的八宝纹和八吉祥纹。石舫的西式舱楼顶部的

仁寿门影壁墙心砖雕

花承阁石盆雕刻

砖雕装饰为西洋卷草纹样。眺远斋是为慈禧每年阴历四月初八看墙外大有庄香会而建，因此在高台的扶手墙上，运用了大量寓意多福多寿、万寿无疆的砖雕。

园墙

园墙不仅在颐和园的外围有，园内每组庭园建筑群几乎都有园墙，有时在庭园内部还筑墙作必要的空间划分，因此墙的形式多种多样，有红、白色的粉墙、水磨青砖墙、虎皮石墙、透空的花墙等，色调清雅而又与园林环境协调统一。有时为了顺应园中起伏的地势而做成“云墙”的形式，还有将几种墙面组合在一起，基部是磨砖对缝墙，中部是白粉墙，上部是用雕砖或筒瓦砌成的镂空的墙顶，十分精致。玉澜堂、宜芸馆、乐寿堂及长岛上临湖一带的围墙多做成白粉墙，墙面有的还排列着不同形状的什锦灯窗。白色的粉墙，衬着几十只灯窗倒影湖中，时聚时散，与依山势高低起伏的墙垣，组成了惹人喜爱的景观。东宫门、北宫门之门侧墙垣，由排云门至众香界的围墙，云会寺、善观寺围墙等宫殿或庙宇的围墙施以红色粉饰，其他各处庭园垣墙约为粉白色，而颐和园长达 16 华里的宫墙则全部为黄褐色虎皮石墙。

影壁也是墙的一种形式，一般布置于主要大门的内、外，起屏障的作用。东宫门外的红色大影壁是宫前广场的一个重要的组成部分。

御路

御路即颐和园园路，乾隆时，园中的御路有3种，第一种是石板御路：大宫门内外，内至勤政殿；北楼门内外；西宫门内外，大报恩延寿寺门前。第二种是园林御路：路中间三块方砖宽度，两边码石子花，道牙外有排水沟，随地势起伏有砖阶。当时，万寿山御路东西向者有3条：山前御路以大报恩延寿寺为中心，东至乐寿堂，西至石丈亭；山顶御路以智慧海为中心，东至昙花阁，西至清音山馆；山后御路以须弥灵境为中心，东至惠山园，西至宿云檐。由支路向西北经绮望轩至半壁桥。南北向者有两分支：由怡春堂通过紫气东来，经惠山园宫门北与后山御路相接；由石丈亭向北经西所买卖街至宿云檐与后山御路相接。第三种是堤岸路：昆明湖西堤及南部堤岸。当时昆明湖东、南、西三面无园墙，文昌阁以南的东堤在园墙以外，可供车马行走，未列为御路。光绪时期重修颐和园，园中各处石板御路，除大报恩延寿寺门前外，余均依旧。万寿山御路除保留原有者外，还添建一些御路：（1）由宜芸馆北斜向西北与山顶御路相交后再西北向直达须弥灵境前与后山御路相接。（2）由紫气东来之西向北经乐农轩北与后山御路相交后直达后湖岸。（3）由转轮藏东门外向东横行经写秋轩、无尽意轩直达景福阁前与由紫气东来西向北之路相接。在北横路上有下达国花台、无尽意轩、养云轩各支路，在景福阁有下至德和园的石阶路。（4）由云松巢至宝云阁。而堤岸路由于昆明湖三面修建园墙，东堤围入园墙之内，重修由文昌阁至长春桥海墁路。

1948 年，东宫门前已由青石板路改建为沥青马路。1949 年开始逐年整修园路。现园中山路可分为 4 种：第一种中间方砖，两边路牙中嵌石子花，两侧有排水沟。以横贯东西的山顶路、中御路（原后山御路改称）为主干路，南北向分路有自紫气东来城关西至中御路、由云松巢西绕至中御路，由景福阁北至后湖及东南至西北斜向的宜芸馆后至松堂，另有与山顶路平行的自写秋轩至草亭，由养云轩西、无尽意轩东与西、写秋轩下，云松巢前至铜亭、中御路至平台亭桥、至绮望轩等、至多宝塔等支路。第二种青石山道，从写秋轩至重翠亭一处。第三种是山坡林中砖踏步，如景福阁下，自在庄、千峰彩翠下，燕台大观东、西，重翠亭上，邵窝殿东等处。第四种是由于水流及人行形成的沟道。

传世文物

颐和园珍藏的文物是这座皇家园林在长期的使用过程中根据建筑内、外陈设的需要自然聚集起来的，是中国皇家园林文化的重要遗存，均为传世品。清代，园中的文物称为“陈设”，摆放在堂、殿内外，种类繁多，制作精美，不仅供帝、后把玩，许多还具有实用的功能。陈设布置的内容、品位直接反映着园林的类型、功能及其主人的嗜好、素养和地位。作为中国最后一个封建王朝倾力兴建的最后一座大型宫苑，颐和园继承了中国历代皇家园林的传统，又大量汲取江南私家园林的造园艺术精华，在掇山理水、建筑布局、植物配置及借景效果等方面都达到了极高的成就，而与建筑、园林相互依存的文物陈设，以其特定的皇家功能和珍贵的历史价值，使这座绝代名园的体态更加丰满，历史更加厚重，风物更加美轮美奂。

与颐和园的沧桑命运相伴，园藏文物也阅尽世变，其增减损益正可折射近代中国的兴衰历程。清漪园时期，清王朝国势鼎盛，国库充裕，乾隆皇帝又精于鉴赏，对文玩多有搜罗，商周之铜器、唐宋元明之瓷玉及书画不少，加之专门制作和臣子进贡，当时记录在册的“陈设”多达 40000 余件，清廷内务府专门设立《陈设清册》,建档管理。鸦片战争后,由于清朝国力转衰,清漪园“陈设”有所裁撤，至咸丰五年（1855）时实有“陈设”37583 件。咸丰十年（1860），包括清漪园在内的北京西北郊的“三山五园”，皆遭英、法联军野蛮焚掠，百余年之经营，化为焦土。据英、法联军劫掠后的清册载，清漪园各处“陈设”只剩有 530 件，而且多残破不堪，珍贵文物基本无存。光绪十二年（1886），清廷开始重建清漪园,两年后改名颐和园,作为慈禧太后归政光绪后的“颐养冲和”之所。权倾天下、穷奢极侈的慈禧极力经营自己的安乐窝，八方珍宝源源流入颐和园。光绪二十六年（1900），八国联军攻入北京，颐和园再遭浩劫，园中“陈设”又被毁掠一空。光绪二十八年（1902），慈禧回銮北京，她不顾国势阽危，再次修复颐和园并大力充实园内“陈设”,以为常住之地。当时颐和园“陈设”的来源主要有 3 个：（1）由宫苑各处调来；（2）借举办慈禧万寿庆典专门制造；（3）王公大臣敬献慈禧的寿礼。颐和园“陈设”又盛极一时，是为现今园藏文物的基础。清王朝灭亡后，社会几经变迁，中国最后一个封建皇帝也早已作古，但作为一段历史的见证，颐和园中的文物一直被妥善保存。特别是在中华人民共和国成立后的半个多世纪里,中国虽然发生了像“文化大革命”、唐山大地震这样对文物保护有致命影响的天灾人祸。但颐和园文物非但未受大的损害，相反还有不少国宝级文物被发现和回归。如被称为“镇园之宝”的“虢宣公子白鼎”就是罕见的西周时期的青铜器珍品，20 世纪 30 年代颐和园文物南迁后就下落不明了。直到 1972 年，青铜器权威专家、故宫博物院副院长唐兰在全园的“清仓查库”中，无意中发现了它。自那大幅带着裂痕的“紫石插屏”在 1975 年被当年英、法联军的后代送回后，颐和园“宝云阁”的铜制盲槅扇的一副窗芯，在国外拍卖也由我国政府追回。目前，颐和园园藏文物计有 4 万余件，时间上自商周、下至晚清，跨越了中国 3000 多年的文明历史；品类涵盖铜器、玉器、瓷器、木器、漆器、书画、古籍、珐琅、钟表、竹器、乐器、根雕、杂项等，几乎囊括了中国传世文物的所有门类，并有不少外国文物。其中，国家级文物有 2 万余件，包括虢宣公子白鼎、三牺尊、缂丝长轴佛像图等国宝级珍品。这些皇家的传世旧藏，以历代精美绝伦的工艺品见长，又以大量与帝、后生活密切相关的清代宫廷生活用品特别是晚清的工艺品为特色。文物的质地上乘、数量众多，就其集中性和完整性，在中国皇家园林中首屈一指。作为晚清最高统治者重要的政治和生活舞台，颐和园是中国封建王朝最后一个大型皇家文物群落遗存，有皇家博物馆的美称。丰富精美的园藏文物是颐和园得以跻身世界文化遗产名录的重要根据。

文物遗存

藏品文物

颐和园珍藏着 4 万件文物，皆为皇家遗存的传世品，其中不乏稀世珍宝。这些文物在时间跨度上，从商周、春秋战国直至近代各个时期都有，是记述中华历史文明的实物见证。文物的质地，有奴隶制时期铸造的精美青铜器，有釉色鲜润的历代名窑瓷器，有图案古朴的景泰蓝和漆器，有雕镂精工的玉雕、牙雕和竹木雕刻品，有色彩斑斓的织锦，有国产和外国进贡的钟表，有宋版、乾隆殿版的图书；有珠宝、翡翠、珊瑚、玛瑙装饰的形形色色的宫廷陈设，还有沉香、紫檀、乌木、红木、花梨、金丝楠等贵重木料制作的各式家具及缂丝、铜、石、镀金的佛像。按照国家文物专项分类的要求分为：铜器、玉器、瓷器、织绣、古籍、书画、珐琅、钟表、杂项、佛像、家具等几大类。

青铜器是中国上古社会统治阶级权力和秩序的象征，在园藏文物中占有显著的地位，共有 466 件，被列入国家级别的有 129 件。青铜器的制作历来为王侯之家专有，尤其是商周的青铜器，一向以其雄伟的造型、古朴的纹饰、珍贵的铭文著称于世。进入封建社会后，青铜器的地位有所下降，逐步为新兴的瓷器所代替，但仍有制作，并开始成为历代收藏家、鉴赏家求之不得的“枕中鸿宝”。历代皇家都十分注重青铜器的收藏，颐和园所藏的青铜器，俱为原清宫遗物。时限上至商周、下迄晚清，大体上可以反映中国青铜制作的历史过程；从种类上分有尊、爵、卣、觥、盉、壶等酒器；鼎、鬲、豆、簋、敦等食器；盘、罍、缶、瓿等水器；钟、鼓等乐器，构成了较为完整的礼器体系。收藏品中有西周时期的虢宣公子白鼎、商代的饕餮纹三牺尊，这都是见诸历史著录的传世重器和稀世绝品。园藏精品铜器还有商代百乳簋、回纹鼎、夔纹贯耳壶、父癸垒、兽面纹垒、父庚卣、西周十八鱼纹盘、百乳蟠虬纹镭、战国羽纹兽首衔环壶、蟠虬纹三牺附耳鼎、错金鸟尊、三牺钮三足敦、错金嵌松石方壶、汉羊尊、三羊盘、虎钮盂、北朝四系铺首罐、团螭扁壶、隋唐双耳莲花尊、宋错金鸟纹尊、明万历鎏金云龙瓶、清错金银提梁卣等。

商代三牺尊

玉器制作，在中国有 7000 年以上的历史，经过历代能工巧匠的精雕细琢和鉴赏家、思想者的赏玩、诠释，玉——早已不仅仅是一种器物，它还被赋予浓厚的人文色彩，深深地融入在中国的传统和礼俗中，它象征着权力、财富和美德……唐宋以后，玉器开始褪去宗教和人文色彩，更加接近现实生活，逐渐走向艺术化，至清初，这一艺术化过程最终完成，中国玉器迎来了它新的鼎盛时代，其标志便是“乾隆玉”。颐和园园藏玉器共有 1635 件，多为乾隆时代制品，其中 418 件经鉴定入国家保护级别。

乾隆帝秉承历代帝王嗜玉之传统，爱玉成癖，不遗余力地加以提倡，加之当时清王朝国力强盛，山河一统，新疆质优材佳的玉料大量进入中原，使玉器制作达到了前所未有的繁荣。“乾隆玉”的取材，常常为纯洁莹润的白玉、青玉、青白玉等，且有不少上品的羊脂白玉和罕见的黄玉、墨玉等，色泽鲜明，精光内含，材质之佳，在历代玉器中是无与伦比的；在工艺上，“乾隆玉”集古技之大成，又有发展创新，充分汲取各种艺术表现手法，融会贯通，综合运用，达到了炉火纯青的艺术境界。典型的如玉山、玉插屏、玉笔筒等作品上绘刻的山水、人物图景，宛如立体的图画，为后世所难以企及。乾隆对玉的嗜好充分体现在其“咏玉诗”中。每当观赏到一件玉器佳作，兴之所至，乾隆便会赋诗一首，甚至镌刻在器物之上，以益颜色。颐和园玉器藏品中刻有乾隆题咏的不少。除玉制小摆件外，园藏清代用罕见的大块翡翠制作的屏风，其材质和雕工均为上乘。还有以各种宝石制作的多宝花篮和四季插屏均是殿堂中最具代表性的摆设。多宝花篮高三四尺，各种花朵全用不同颜色的宝石琢制，红色的是珊瑚，白色的是羊脂玉，黄色的是蜜蜡，五彩的是玛瑙，叶片全部用贵重的翡翠制成。还有四季大插屏，高 2 米，屏座用紫檀木精雕而成，屏心是用各种玉石雕制的四季花鸟，其中夏季的荷花，直径达 1 尺的荷叶完

白玉佛

全用翡翠雕成，正反两面的颜色深浅不一，选用了两种不同颜色的翡翠来表现，巧妙地利用荷叶的翻卷，遮挡住拼合的接缝，巧夺天工。园藏精品玉器还有周朝青玉琮、西汉清乾隆御题汉璧插屏、宋朝白玉鹿、明朝白玉四足方鼎、青玉寿星、群螭献瑞玉觥、饕餮纹龙耳玉簋、乾隆御题青金石山景、双凤六环白玉壶、青玉雕云龙大笔洗、白玉佛、白玉雕印盒、白玉觥、青玉佛手等。

瓷器是中国的一项伟大发明，它不仅是可供实用的器皿，同时也具有极高的审美情趣和工艺价值。如同任何历史文物一样，每一件瓷器都属于具体的社会和历史的产物，都直接反映着当时社会的艺术观念和工艺水平。唐瓷的雍容华贵、宋瓷的纯净高雅、明清瓷的精致艳丽，在一定程度上都是当时社会风貌的体现。

颐和园所藏瓷器，在数量上以清代瓷器为最多，次之为明代瓷，再次为元代瓷。明清瓷器，是中国 4000 余年陶瓷艺术的一个总结。在宋元制瓷工艺技术的基础上，明清瓷充分吸收了青瓷、白瓷胎釉烧制工艺的全部优秀成果，并有了新的很大发展，特别是清代瓷对商周铜玉器以迄宋明瓷器诸多艺术形式的模仿，均取得了无比卓越的成就。颐和园园藏瓷器有 9539 件，经鉴定入级的有 6948 件，多出自专烧皇家用瓷的官窑，代表了当时制瓷工艺的最高水平，且不乏世间孤品。如元代的蓝釉白龙纹梅瓶，是现今世界上仅存的 3 件中的 1 件。藏品瓷器的色彩，仅红色的釉就有鸡血红、豇豆红、霁红、紫红等，

元代蓝釉白龙梅瓶

蓝色的釉有霁蓝、天蓝、孔雀蓝、宝石蓝等，五颜六色。园中大量为帝、后烧制的生活器皿，饰以青花、斗彩、粉彩、珐琅彩、窑变，釉色赤、橙、黄、绿、青、蓝、紫，鲜润明丽。乐寿堂内的一对康熙时期的青花大果盘，直径 3 尺，极其圆正，可以堆放数百种水果。排云殿中的一对鱼缸，通体泛着淡青色，从釉下隐现出一对二龙戏珠的图案。百鹿尊是一个 1 尺来高的瓷瓶，上用五彩绘制出 100 只不同形态的鹿。晶莹翠艳的青花鹿头尊，是康熙时官窑烧造出的精品。库藏精品还有元代龙泉釉暗花三友玉壶春瓷瓶、明洪武釉里红牡丹蕃莲瓷盘、明永乐青花勾莲梅瓶、甜白釉暗花梅瓶、青花缠枝梵文瓷尊、明正德青花黄地花卉果盘、明嘉靖霁蓝釉大瓷盘、明万历五彩异兽瓜楞觚、清顺治五彩蕃莲

瓷罐、清康熙朱彩描金开光花蝶蒲槌瓷瓶、青花缠枝蕃莲双耳鹿头尊、郎窑宝石红观音瓷尊、孔雀绿釉瓷坐狮、釉里红海水双龙瓷缸、清雍正豆青宝月瓶、孔雀绿釉瓷梅瓶、清乾隆窑变蕉叶觚、青花黄底缠枝九桃瓷盘、孔雀绿釉蕉叶尊、粉彩百鹿尊、炉钧釉瓷方尊、冬青釉青花加紫题字方壶、清嘉庆粉彩绿地开光山水题诗灯笼尊、斗彩龙凤纹梅瓶、清道光釉里红三果撇口瓷瓶、清同治黄地三彩龙纹盘、清光绪粉彩九龙大瓷碗、青花云鹤纹爵式瓷杯盘等。

宫中杂项是颐和园园藏文物中，凡在铜器、玉器、瓷器、家具之外，较为零散不成体系，难以单独立类的其他文物，都被归入杂项一类。颐和园杂项类文物的内容十分丰富，包括字画（422 件）、织绣、珐琅（181 件）、翡翠工艺品、金银器、竹木牙角器、钟表（116 件）、铺垫（2078 件）、玻璃器皿等，这些文物大都是当年御苑中的陈设装饰品、生活用品及慈禧接受的贺礼，其中不乏极具历史及艺术价值的珍宝。如原陈放在仁寿殿，现挪至文昌院展出的一套宝座、御案、香几的几面、椅面、背靠及全部包角，均用景泰蓝镶嵌，景泰蓝桌面长达 1.67 米，是工艺品中的巨制。展厅中还陈列一对比真人还大的景泰蓝麻姑仙女，在同类工艺品中是罕见的。那些为数不少的钟表和玻璃器皿多为当年外国政府或官员赠予中国帝、后的礼物，在今日欧洲亦不易寻；还有光绪皇帝画的 4 扇屏、荷兰画家华士・胡博为慈禧作的油画像、慈禧写就的“福”“寿”大字、中国进口的第一辆汽车等，其艺术性也许并非卓越，但其历史价值却是自不待言的。杂项精品中还有乾隆时期大学士张照书“御制（乾隆）观刈麦诗、自鸣钟诗”及缂丝三世佛像、清仿钱选款四夷朝贡图、清代竹根雕提梁卣、象牙雕花长方盒、沉香木雕如意、硬木嵌玉雕花宝船、沉香木雕龙拐杖、鸡翅木雕山水挂屏、乾隆红珊瑚如意、铜珐琅提梁卣、光绪粤绣“百鸟朝凤”、乾隆铜画珐琅六角座钟、嘉庆铜架自鸣鸟笼、灯塔式座表、道光轮船式座表、火车式座表、珐琅四柱方钟、清代紫砂佛手形壶、铜镀金嵌松石佛像、泥塑花木兰从军等。

古籍是颐和园文物藏品中最多的一项，总数达 21576 册，1974 年 8 月 21 日由文管处吴希贤鉴定，其中二级 47 部共 16814 册，三级 4762 册。古籍精品有光绪大石印图书集成、乾隆殿版西清古鉴、皇清开国方略、康熙殿版御批《资治通鉴纲目》全书、清活字本朱批谕旨、清银水写无量寿佛经、外文摩根瓷器图、乾隆拓本乾隆御定石经、乾隆殿版皇朝礼器图式、乾隆抄本御制论史古文、明万历刻本真西山文集、清古香斋殿版渊鉴类函、康熙殿版钦定全唐诗、朱子全书、佩文斋咏物诗选、清殿版《日下旧闻考》、乾隆殿版千叟宴诗、道光殿版高宗御制诗五集等。

木器家具是颐和园园藏文物中较为有特色的，皆为明清宫廷用品，总数为 2195 件，其中不少是清代早期的作品，质地、造型、花纹均属上乘。明清两代是中国家具史上的黄金时期，由于社会经济的改善、精好木材的输入及生产经验的积累，家具制作在技艺、造型等方面都有了飞跃性的进步，几千年的传统家具，变换出千姿百态的形式，产生了一种崭新的意韵、品位和独特的审美价值，并以精湛无比的细木工艺，在世界家具史上树起了一座耀眼的丰碑。许多家具的精美程度到了令人叹为观止的地步。

颐和园所藏的明式家具，大多以黄花梨木、铁力木为原料，造型简洁、做工精致，卯榫结构巧妙，不事雕琢；为了讲求线条的优美，在不影响整体效果的前提下，仅在部分部件上作小面积的雕饰，给人以清新明快之感，充分体现了明式家具造型简练、结构严谨、装饰适度、纹理优美的风格特点，极富简约、古朴之神韵。入清以后，随着“康乾盛世”的到来，社会经济繁荣，统治阶级的靡费奢侈之风日益增长，清宫专门成立了“内务府造办处”，每年都要耗费大量人力和财力，制作大批高级家具，以充实各处宫苑。为了迎合皇家的喜好，匠师们极力追求豪华富丽的风格，形成了独具特色的清式家具。颐和园园藏清式家具大都为造办处监造，原材料多为紫檀、红木、花梨木等，造型厚重、雄伟，并多方面运用雕刻、镶嵌、描金、彩绘等装饰手段，雕饰繁缛，工不厌精，充分表现出威严庄重、豪华富贵的皇家气派。现存精品家具有明代黄花梨南官帽禅椅、黄花梨靠背嵌玉扶手椅、清早期木胎黑漆描金云龙纹靠背带托

清早期黑漆描金宝座

泥宝座、七屏式紫檀镶珐琅大床、紫檀靠背嵌瘿木十二生肖扶手椅、紫檀一腿三牙式琴桌，清中期紫檀嵌广杨木束腰带托泥宝座、紫檀围屏式凤纹宝座、花梨雕灵芝扶手椅、紫檀镶瘿木高束腰扶手椅、紫檀嵌沉香木御案、紫檀嵌广杨木束腰高几，清晚期花梨木镶大理石面绣墩等。

佛像、神像是颐和园传世文物的一部分，除收藏在库房中的缂丝佛像及鎏金和玉质的小佛像外，多供奉在园内庙宇及各座佛教建筑中，有佛、菩萨、明王、金刚、罗汉、天王、佛母等，用铜胎、铁胎、增胎、石胎、瓷胎、玉胎、矿银镀金胎等铸造法身，并有背光、佛龛、佛锅、铜须弥山、铜部洲、古铜曼达、铜灵芝、铜海灯、五供、七珍、八宝等各种供器和佛冠、佛衣、佛像手持的各种物品，具有特种工艺文化和宗教文化内涵。

陈设依附于建筑而存在，清漪园时，园内多佛寺，因此佛像多是当时园林陈设的一大特点。园中的佛像陈设始于乾隆十五年（1750），在清漪园和颐和园两个历史时期是不相同的。乾隆皇帝崇尚佛教，清漪园佛教建筑多构成了园林佛像多的文物陈设特点。从乾隆十五年（1750）建园起至咸丰九年（1859）园林被毁前，是这座皇家园林佛像供奉最盛的时期，共有佛像 15120 尊，集中在万寿山前、后山寺庙建筑群中。颐和园时期，多沿用了清漪园遗存的佛像，数量大大地减少了。由于建筑的变更，佛像也有部分挪动。“文化大革命”大破四旧，佛香阁及龙王庙等处的泥胎神像被造反派毁坏推入湖中。园内现有佛像分为三种：一为园林遗存，二为从别处挪移，三为按原样复制。现存佛像有乾隆缂丝无量寿佛像、铜胎观世音菩萨、铜胎文殊菩萨、铜胎普贤菩萨、铜胎韦驮、铜胎天王、铜胎毗卢佛、文昌帝君像、耶律楚材像、明代千手千眼佛等。

在颐和园文物中，车辇、御舟被列在杂项之类。清漪园时期，乾隆皇帝的车、辇陈放在勤政殿（今仁寿殿）内，今已无存。园内现存慈禧和光绪的车乘，有汽车、人力车及肩舆等，皆为原物。颐和园文物中的汽车，是外国进入中国的第一辆汽车，车的外形保留着 18 世纪欧洲马车的痕迹，木质车身、木质车轮辐条、实心轮胎，安装三缸引擎，有 3 个座位。其动力结构及转向结构原理与现代汽车相同。这辆汽车是光绪时袁世凯贡献给慈禧的礼品。据裕容龄著《清宫琐记》载：慈禧太后因为开车的司机要坐在她

文昌院博物馆中展示的清宫仅存中国进口早期汽车

的前面，所以未曾乘坐。此车长期存放，早已损坏。不只引擎早已不能发动，且前车灯、方向盘丢失，皮坐垫及车篷顶已破烂不堪。“文化大革命”后，颐和园将此车整修，陈列供游人参观。1976年有德国“奔驰”汽车公司工程师3人来园，看到此车，确认是光绪二十五年（1899）该公司生产的第二代“奔驰”；也有人认为汽车左脚蹬上有“DURYEA”字样，应是美国图利亚（DURYEA）牌汽车。经查证有“DURYEA”标志的脚蹬与其他脚蹬差异很大，应为后期所安装，不能作为该车的标志。《中国交通运输史》主编陆士井认为早期汽车制造也是多个厂家合作组装，但是否为“奔驰”厂产品，也难确定。此车应是属于中国人使用的中国第一辆汽车，也是中国保存完好的最古老的汽车。园中还有两辆日本赠送的人力车，车体呈金黄色，两条铜龙盘绕在车柄处，车顶飞檐翘起，车内黄绸缎衬布上有用金线绣的各种图案。

园藏御舟是颐和园中皇室专用船。清漪园时，乾隆皇帝的御舟有“昆明喜龙”“景龙”“镜中游”“芙蓉舰”“万荷舟”“祥莲舟”“澄虚”“锦浪飞凫”等10艘，其中“昆明喜龙”舟高为两层，长达40余米，上有楼亭，陈设各种古玩珍宝，舒适、豪华。“澄虚”舟是楠木装修船，身长四丈五寸。颐和园时期又有了慈禧乘坐的“安澜辐”“镜春舻”和光绪皇帝乘用的“水云乡”“鸥波舫”，以及光绪皇后的御舟“卫凤”和大大小小的龙船，专供帝、后游湖、消夏、出行。慈禧的御座船，有三卷形的屋顶，体量很大，也很豪华，游湖时，前面有火轮船进行拖带。此时，慈禧太后还有火轮船4艘，名“翔凤”“翔云”“捧日”“永和”。“翔凤”“翔云”“捧日”

慈禧的御船镜春舻

三轮为重修颐和园时北洋大臣李鸿章所进贡。“永和”轮则是在“日俄战争”后，由日本国所赠。

地面文物

地面文物包括铸铜、碑碣、石雕、石刻及遗址、遗迹等，均为清代与颐和园同期规划制造，大部分是建筑物的附属陈设或有关的文字资料。遗址、遗迹指万寿山后山和昆明湖西部地区经咸丰十年（1860）和光绪二十六年（1900）两次被帝国主义焚烧破坏所遗留下来的建筑基座、墙垣和可辨的破坏痕迹。颐和园地面文物中较为重要的有宝云阁、万寿山昆明湖碑、铜麒麟、铜牛、耶律楚材碑、平定准噶尔碑及清可轩石雕佛像等，具有重要的历史、文化、艺术价值。

铜龙、铜凤是颐和园宫殿建筑前的陈设，分别设在仁寿殿和排云殿前，共有铜龙两对、铜凤两对，均铸于光绪年间，上各有款“光绪年制”“天地一家春”。

铜牛陈设在昆明湖东堤、十七孔桥的东端，铸于乾隆二十年（1755），下承石制海波纹椭圆形须弥座。牛背上铸篆文乾隆御笔《金牛铭》。

铜缸是为储水以备消防救火之用。现存园内铜缸，为慈禧建颐和园时铸造，共有5对，分别在仁寿殿前、乐寿堂前、德和园庆善堂前各一对，排云殿月台下两对。缸的外侧铸有“光绪年制”“天地一家春”款识。铜缸腹部有金色万字、寿字图案。左右双兽衔环处有小鎏金万字、寿字图案。下承素圆石座，座为4块

昆明湖畔铜牛

拼成。

铜麒麟铸于乾隆年间，通高 2 米，通长 1.95 米。下承汉白玉石须弥座，饰莲瓣卷草纹。此物是民间传说中的瑞兽，龙头、狮尾、鹿角、牛蹄，体态生动。陈放在仁寿殿月台前的庭院中央，呈坐蹲式，前肢直立，后肢弯曲，全身饰鳞片，头部铸有“大清乾隆年制”文字。1937 年 6 月从圆明园遗址移来。

铜狮为宫门前镇物，颐和园内共有两对，一对在东宫门前，一对在排云门前，威严神圣，均为清漪园的遗物。

铜炉有鼎炉和香炉，共 10 座，铸于乾隆或光绪年间，分别陈设在仁寿殿、排云殿和德和园内。铜炉同绝大多数殿外陈设一样是为了烘托封建皇权的气氛。每遇大朝，炉内燃烧檀香和松枝，使整个宫殿香烟缭绕，气氛神秘。

须弥灵境前的铜狮

铜鹿铸于光绪年间，陈放在乐寿堂前，面南，东、西各一。高 1.46 米，长 0.96 米。鹿做奔走回首状，全身散布线刻梅花，背有盖。右前足抬起，其他三足踏铜山座，铜山下有水波纹。石座长方形束腰。

铜瓶铸于光绪年间，位于乐寿堂前，面南，东、西陈设各一。瓶身铸松树、仙鹤，有款“光绪年制”“天地一家春”。松、鹤均象征长寿，乐寿堂前鹿、鹤、瓶陈设在一起，取其谐音为“六合太平”，即天下太平。

铜仙鹤铸于光绪年间，共两对，分别陈设在乐寿堂和听鹂馆前。

铜架在霞芬室梢、次间廊下，架子中作蝙蝠衔双钱图案，架身遍饰缠枝宝相花，架下为六面束腰石须弥座，上部雕宝相花，束腰八宝等图案，底为卷草纹。排云殿院内露天陈设石座上铜架，高 1.08 米，宽 0.28 米。

上述地面遗存铸铜文物，自 1950 年起先后分别安装保护栏杆。其铜龙、铜凤、铜鹿、铜鹤、铜花瓶先作铅丝套；后改铜丝套，再改为保护栏杆。

碑碣、石刻始于乾隆十五年（1750），内容为志文、题词、诗刻、佛经及皇帝御临历代名家的书法作品，是研究园林、历史、古建筑的重要文字遗存。历经咸丰十年（1860）英、

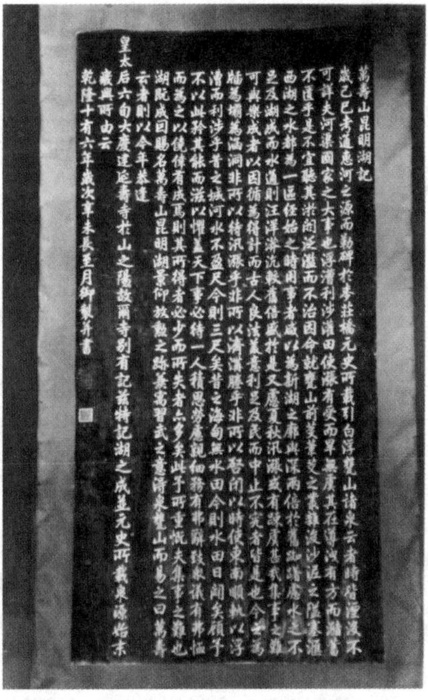
萬壽山昆明湖記
歲己巳考通惠河之源而勒碑於麥莊橋元史所載引白浮甕山諸泉云者時皆湮沒不
可詳夫河渠國家之大事也浮漕利涉灌田使漲有受而旱無虞其在導泄有方而瀦蓄
不匱乎是不宜聽其淤閼泛濫而不治因命就甕山前芟葦茭之叢雜浚沙泥之隘塞匯
西湖之水都爲一區經始之時司事者咸以爲新湖之廓與深兩倍於舊踟躕慮水之不
足及湖成而水通則汪洋漭沆較舊倍盛於是又慮夏秋汛漲或有疏虞甚哉集事之難
可與樂成者以因循爲得計而古人良法美意利足及民而中止不究者皆是也今之爲
牐爲壩爲涵洞非所以待汛漲乎非所以濟溝塍乎非所以啟閉以時使東南順軌以浮
漕而利涉乎昔之城河水不盈尺今則三尺矣昔之海甸無水田今則水田日闢矣顧予
不以此矜其能而滋以懼蓋天下事必待一人積思勞慮親細務有弗辭致衆議有弗恤
而爲之以僥倖有成焉則其所得者必少而所失者亦多矣此予所重慨夫集事之難也
湖既成因賜名萬壽山昆明湖景仰放勳之跡兼寓習武之意得泉甕山而易之曰萬壽
云者則以今年恭逢
皇太后六旬大慶建延壽寺於山之陽故爾寺別有記茲特記湖之成并元史所載東源始末
歲興所由云
乾隆十有六年歲次辛未長至月御製并書

万寿山昆明湖碑拓片

法联军火焚和 200 余年风雨侵蚀，碑石除有个别剥漶伤裂、文字不清外，基本保存完好。光绪年间修建颐和园时，清除了一些寺庙的碑记，对个别碑石进行了挪移。1949 年后，对破裂、倾斜、埋于树根荒草之下、字迹漫漶不清的碑石进行了清理，增设保护设施，建立保护规章。1980 年后全部碑石进行了拓片存记。

耶律楚材墓碑，乾隆十五年（1750）立，位于昆明湖东岸耶律楚材墓院内，立式碑，高 4.35 米，宽 1.1 米，下卧石兽。碑身阳面阴刻乾隆十五年（1750）御题耶律楚材墓七言律诗及序文。碑阴刻汪由敦承命所作《耶律楚材墓碑记》，原址原状，保存完好。

耶律铸墓志铭碑，位于昆明湖东岸耶律楚材祠南侧，元代制。1998 年 9 月至 10 月在耶律铸夫妇合葬墓出土，墓志铭碑立于长方形墓道（正南）距墓门 1.48 米处。碑为汉白玉质地，长方形，圆形碑首，共两块。为“故中书令左丞相耶律公墓志铭”碑和“故郡主夫人奇渥温氏墓志铭”碑。两碑出土时被北京市文物部门收存，不在本园。

万寿山昆明湖碑，位于佛香阁东侧转轮藏前，乾隆十六年（1751）立。碑以青白石雕制而成，坐北面南，形制巨大。碑额为长方形宝顶，深雕双龙，须弥座束腰，碑身雕龙边，上枋雕浮莲。碑通高 9.875 米，厚 1.09 米，碑座上雕刻神兽海浪图案。碑身四面阴刻皆为乾隆皇帝御笔。正面是“万寿山昆明湖”擘窠正书，背面为记述修浚昆明湖始末的《万寿山昆明湖记》，两侧为乾隆御制昆明湖诗。碑的形式模仿嵩山嵩阳观碑。现存完好。

寻诗径碑，位于谐趣园兰亭内，乾隆十九年（1754）立，通

寻诗径碑

高1.98米，僧帽式碑首，额篆书“御制”。长方形石座，四周浮雕花纹。碑阳阴刻乾隆皇帝御笔“寻诗径”三字，碑阴及东、西两侧为御制诗，行书体。

即景杂咏碑，在谐趣园湛清轩内，乾隆二十九年（1764）立。为长方形卧碑，做插屏状，面南直立地面无鼓座。通高2.43米，宽2.08米，碑阳面阴刻乾隆甲申年（1764）暮春御题七律诗一首，阴面阴刻乾隆壬辰年（1772）御题七言绝句8首。碑身剥濡伤裂。

清华轩碑，乾隆二十二年（1757）立，原置于清漪园五百罗汉堂，重修颐和园时，在罗汉堂址另建清华轩，于清华轩东院建碑亭保存此碑。碑石石料为艾叶青石，采自北京房山大石窝。碑为长方形卧碑，东西向坐落，高2.09米、宽2.21米、厚1米。碑下石须弥座。碑身四面阴刻乾隆御笔，东面为《西师诗》，西面为《万寿山五百罗汉堂记》，南面为《平定准噶尔勒铭伊犁之碑记》，北面为《平定准噶尔后勒铭伊犁之碑记》。乾隆皇帝将两次平定准噶尔叛乱列入“十全武功”。此时正是建造清漪园之时，乾隆皇帝在平定叛乱的同时，团结未参与叛乱的厄鲁特各部，在清漪园后山与承德分别建造形状相同的喇嘛寺庙，并御制、御书记述平定准噶尔史实的“平定准噶尔勒铭伊犁之碑”，分别刻石于清漪园和承德普宁寺。《西师诗》则是平定叛乱之史诗。

万寿山多宝塔碑，乾隆年间立，位于万寿山后山花承阁遗址多宝琉璃塔前，面南，通高2.89米，宽0.815米，厚0.29米。八角长方形须弥座，雕有万字花纹。碑身为长方形，上用满、汉、蒙、藏4种文字阴刻乾隆皇帝御制《万寿山多宝佛塔颂》。

多宝塔石碑

宜芸馆廊壁嵌刻石，刻于乾隆年间，嵌宜芸门内廊壁东、西各五方。刻石为长方形，石面阴刻乾隆皇帝从乾隆十一年（1746）至十三年（1748）间御临晋王羲之、唐颜真卿、宋米芾、元赵孟頫及明董其昌等书家名帖，行草书体。1986年9月，全部刻石加铝合金框，镶玻璃进行保护。

绣漪桥昆仑石碑，乾隆二十九年（1764）立，位于昆明湖东堤南端绣漪桥北，坐西面东。碑高 1.95 米，宽 0.93 米，厚 0.64 米。石首呈圆形，石下承海水江崖石座。石四面阴刻乾隆御笔行书御制诗。石东侧刻文《甲申（1764 年）夏六月高梁桥放舟至昆明湖沿途即景杂咏》，石阳面刻文：《乙酉（1765 年）仲夏自高梁桥进舟由长河至昆明湖得四绝句》。石阴面及西面碑面均剥漶。

东堤昆仑石碑，乾隆二十九年（1764）立，位于昆明湖东堤铜牛北，坐西面东，碑长方形，弧形碑首，高 1.85 米，宽 0.93 米，厚 0.58 米。石下承海水江崖石座。碑身阴刻乾隆皇帝御笔行书二十九年（1764）、三十五年（1770）七律诗各一首，其西、北碑面均剥漶，字迹不清。此石东侧刻文“西堤此日是东堤，名象何曾定可稽。展拓湖光千顷碧，卫临墙影一痕齐。刺波生意出新芷，踏浪忘机起野鹭。堤与墙间惜弃地，引流种稻看连畦。”记录了颐和园的建园历史。

“耕织图”碑，乾隆年间立。位于昆明湖西北部岸边，坐北面南。碑为长方形昆仑石，圆首，下承海水江崖纹石座。通高 1.94 米，宽 1 米。碑阳阴刻乾隆皇帝御笔正书“耕织图”三字，碑阴刻御笔行书御制诗句。重修颐和园时，未重修耕织图，光绪十七年（1891）增建西园墙，将耕织图碑划在园外。1999 年 4 月收回。

石刻经幢，位于后山须弥灵境遗址，东、西各一座，乾隆十七年（1752）立，原置于大报恩延寿寺内，光绪十二年（1886）修建颐和园时移至此处。石经幢各通高 7.43 米，八面各宽 0.46 米，座高 1.32 米。经幢为八角形，第三层须弥座上为八角攒尖顶，重檐下为 3 层塔式，各面皆有石雕佛像（二层 ~ 四层），一层刻经。

上刻《金刚三昧本性清净不坏不灭经》《顶佛尊胜陀罗尼经》御笔正书。现石质风化，文字漫漶不清。

除上述碑碣石刻外，清漪园时还有下列碑文、石刻：（1）万寿山大报恩延寿寺碑：原在大报恩延寿寺内，乾隆十六年（1751）立。碑文《万寿山大报恩延寿寺碑记》用汉、满、蒙、藏4种文字书写，汉文由汪由敦奉敕正书。（2）御制墨妙轩碑：乾隆十七年（1752）立，为御制墨妙轩法帖刻石（帖共5册），原嵌清漪园墨妙轩内廊壁间，今皆无存。

浮雕、圆雕在颐和园有丹陛、造像、露陈座等，为元末至清乾隆时期遗存。雕刻的手法精湛，代表了当时的艺术水平。

石雕翁仲，元代雕刻，砂岩石料，原位于耶律楚材墓神道，后湮没无闻，1984年4月20日在耶律楚材祠以南施工中出土，现陈列在耶律楚材祠庭院内。

丹陛，凿于清代乾隆年间，长方形浮雕，长4.49米，宽1.23米，呈坡形。纹饰凸雕二龙戏珠图案，下部雕有海水江崖，四围刻有缠枝花纹。原为圆明园安佑宫遗物，1937年移至颐和园东宫门前，成为御路石。

石雕佛造像，在万寿山后山赅春园内留云殿天然崖壁上，浮雕释迦牟尼佛造像及十八罗汉造像。转轮藏处石壁雕地藏菩萨及金刚手菩萨，均为乾隆年间刻。

石狮，北宫门外，面北，东、西各一。狮高2.45米，右狮足踏小狮，左狮足踏绣球。石座束腰有太极图纹。万寿山后须弥灵境遗址石狮，面北，东、西各一。狮高1.63米，长1.47米。狮

转轮藏浮雕地藏菩萨

十七孔桥桥头石雕

做披蹦状，镙结形眉，右狮足踏小狮，左狮足踏绣球。这些石狮均为乾隆年间雕造。

花承阁遗址石座，乾隆年间雕造，位于万寿山后花承阁遗址，座长 2.59 米，宽 1.91 米，高 1.48 米。四面雕刻水浪，中有鱼、龙、牛、龟等异兽。

露陈墩，汉白玉石圆雕，乾隆及光绪年间造，清代与露天青铜器配套陈放。园内原有数百个露陈墩，多分布在各殿堂前和长廊沿线，每个露陈墩上均摆放一件青铜器。由于青铜器很少成对，露陈墩也很少成对。经过数百年的历史磨难，露陈墩和上面的青铜器均有很大的损失，石墩与器物已经全部分离。根据档案记录，在园藏的青铜器中，还可找到一些石礅上的陈设物品，如商晚期的珍贵文物三牺尊，在记载中陈放在排云殿二宫门左侧的露陈墩上。园内现存露陈墩 115 个，在玉澜堂、夕佳楼、宜芸馆院内有 28 个。乐寿堂各院有 12 个，长廊有 14 个，排云殿各院有 51 个，养云轩院 2 个，清华轩院 1 个，霁清轩院 1 个，涵虚堂前后 5 个，耶律楚材祠院 1 个。石墩高多为 1 米余，有圆柱形、方柱形、圆方上下相结合形，墩面平坦；墩体周围浮雕的花纹种类很多：万字纹、四文纹、卷草纹、四季花纹及各种变形的图纹，多是二方或四方连续图案，具有很高的工艺价值和文物价值。

叠石、太湖石，掇山理石是中国造园艺术的特有手法。清朝宫廷工程中的叠石，多由叠山世家“山子张”所作，以“理石之精微”“堆土之奥妙”，造成岩、峦、洞、穴、涧、壑、坡、矶，

万寿山后山花承阁遗址鸟瞰图

露陈墩

"宜台宜榭""成径成蹊"。从选石到堆叠均做到了"虽由人作，宛自天开"。颐和园内现存叠石多处，大部分为清漪园时期遗留，手法与江南名园有师承关系，是研究造园艺术的重要实物。园中的叠石假山多数是园林主景的陪衬，佛香阁两侧和后山四大部洲叠落的假山，都高达 20 多米，它们的特别之处是与真山交融，使天然与人工浑然一体。万寿山原山形不理想，除以挖湖之泥填补外，主要利用假石与天然山石相结合营造山形，以裸露天然山石显示自然。万寿山前山东起景福阁下，西至湖山真意下，或叠石成层次，或石造磴道形成立体交叉，再以假石包山脚，弥补前山坡平之不足，仍在千峰彩翠城关下及山之西麓裸露天然山石，不露人工之嫌。后山更利用高低起伏之山势，以叠石成峦、成涧、成矶、成洞，为绮望轩、看云起时、构虚轩、绘芳堂、嘉荫轩、澹宁堂造成不同的意境。尤以假石与天然山石相结合，形成赅春园的山地园特色。另外叠石为台，为各式建筑立体布局提供条件。万寿山前山主体建筑群全部分建于逐步升高、层次分明的叠石之上，佛香阁高耸形成全园中心。左右二亭下的高层叠石中设洞，上下相通。后山绮望轩、南湖岛上的涵虚堂俱建于叠石成洞之上。

园中的叠石造景，继承了中国园林造景手法的精髓，仁寿殿后叠石成屏，成为障景，转径而豁然开朗，“柳暗花明又一村”。谐趣园内叠石成“涵光洞”假洞，以假成真。夕佳楼前堆太湖石仿狮子林，含新亭前数堆太湖石，独成一局。

颐和园现有的太湖石峰多为乾隆时遗存，初建清漪园时所采用石料来源不明，其青石来自房山、太湖石来自南方，但是否有由西苑（北海）移来者，尚未查清。

青芝岫位于乐寿堂前，石上刻有御题“青芝岫”三字及乾隆十六年（1751）作青芝岫七言古诗一首和“玉英、莲秀”，并刻有汪由敦、蒋溥、钱陈群等大臣题字。

仁寿门内正中太湖石又称“寿星石”，高 4 米。上石周围石栏，仁寿门外两侧各一太湖石。仁寿殿前庭院中的 4 块太湖石又称四季石，仁寿殿前西南角太湖石上刻乾隆五年（1740）御制诗。

石丈亭石峰，状亦奇秀，乾隆皇帝引米芾拜石故事，以“石丈”为亭名。

子母石位于玉澜门前，一大一小两块。

排衙石位于排云门前，共 12 座石峰，俗称十二生肖石。

庆善堂院内太湖石，长 3.59 米，高 2.32 米，下承须弥座。

摩崖石刻主要是指颐和园内在天然岩石之上雕刻的造像和文字等，主要为乾隆时期乾隆皇帝和大臣留下的诗句题词，也有少量慈禧题词刻石。

燕台大观，乾隆皇帝御书，作于乾隆十五年（1750）。阴刻于福荫轩（原餐秀亭）后半山坡之天然山石上。面南正书。上方有“乾隆御笔”印章。

赅春园岩壁石刻，位于万寿山后山赅春园遗址内，园内岩石壁上刻“苍崖半入云涛堆”“方外游”“烟霞润色”“诗态”“寒碧”等御笔题字及多首乾隆御制诗，行书体。石壁诗文多漫漶不清，风化严重。

排云门前生肖石

含新亭处石刻，御制“含新亭”诗行书，乾隆四十七年（1782）、五十年（1785）作七言绝句各一首，刻于亭前阶石上。亭北山石上镌刻的“翠岫”“小有趣”为慈禧御题。

“画峰”“碧藓”题字，刻于延清赏楼以东的万寿山西麓天然岩石之上，乾隆御笔。

“棲霞”，重翠亭西岩石上阴刻，乾隆题。

谐趣园内玉琴峡山石上镌刻的“玉琴峡”“松风”“萝月”“仙岛”“堆云积翠”“泉流不息”为慈禧御题。

国花台石碣，“国花台”三字，八品苑副白永麟奉旨恭书，光绪二十九年（1903）立。

文物展示

颐和园文物，清代时陈设在园内殿、堂、厅、室等处，1949年后，除作为殿堂原状陈设展示外，大部分陈列在文昌院博物馆。

中国自辽代以来，金、元、明，特别是清朝的封建帝王，都在北京营建过规模巨大、华丽非凡的皇家园林，各朝的皇帝都喜欢在御园中处理政务，清代此风更盛。颐和园作为大型的皇家园林，建有帝王听政区，最高统治者在这里召见大臣、商协政事、会见使节、接受恭贺，其陈设布置在规格上与紫禁城并无二致。拥有大量帝王专用陈设，是这座皇家园林的重要特征。但皇家园林的主要功能毕竟还是为封建帝王理政之余散志澄怀、放松身心提供场所，所以比庄重威严的皇宫大内更具生活和艺术气息。如

文昌院博物馆一角

殿堂楼阁的题额、楹联与室内的字画、贴落，多饱含诗情画意，不但在内容上与所处景致丝丝入扣、相得益彰，且大多出自帝、后本人或精于翰墨的亲贵大臣之手，是今日珍贵的历史、艺术作品。颐和园齐集了帝王日常所用、所好之物，举凡钟鼎彝器、图籍书画、法书碑帖、瓷玉文玩、家具服饰之属，园中靡不具备。这些代表了当时最好工艺水平的陈设品，已成为今日颐和园皇家园林博物馆的文物珍品。

陈设是建筑的附属。颐和园陈设与建筑同期出现，清漪园初建时有些是专为建筑量身定制。如地毯、家具等。清漪园和颐和园两个历史时期陈设特点各具风格。清漪园时的陈设多为宫廷造办处制作，在布置上儒雅精致，极具皇家宫廷的特点。颐和园时的陈设为园林修建时重新置办，多为民间集珍，在陈设的制作和品位上与清漪园有了一些区别。中国第一历史档案馆中珍藏着清漪园、颐和园的陈设册有数十本，从这些陈设册中可以看到清漪园时期较全面的陈设情况和规模，以及园林的发展变化。园中的陈设，按每一组或一幢建筑列为一本陈设册，清漪园共36本。册中，对殿堂中文物的名称及陈放位置记录得非常详尽，并对殿宇内部的面貌有细致的描绘，从中可以分析出各座建筑的形式、用途。如从陈设中看出，以大报恩延寿寺和后大庙为中心的宗教建筑群，是清漪园的主体。通过这些寺庙内部的结构和偶像供器的陈列情况，是研究清漪园及其建筑思想的极好材料。另外，乐寿堂当时是两层，按陈设分析不是寝宫，应为佛堂等。自咸丰十年（1860）以后，整个清漪园只立两本清册，一本叫《清漪园山前山后南湖河道功德寺等处陈设清册》，一本叫《清漪园山前山后南湖河道功德寺破坏不全陈设清册》。以乐寿堂为例，与咸丰九年（1859）《乐寿堂陈设清册》相比较，原有的几千件陈设，只剩下了一个烧不坏的四足铜炉和一个残破的盘子。光绪年间立的颐和园陈设册，仅记录各殿座中文物的名称和数量，未标明其陈设的位置。由于咸丰十年（1860）和光绪二十六年（1900）的两次浩劫，清漪园时期的陈设绝大部分已无存，颐和园时期的陈设也有很大的变动，现存的陈设物品为乾隆、光绪时期延续至今。中华人民共和国成立后，根据原清宫遗存的殿堂陈设，并参照清漪园、颐和园两个时期的陈设档册，在已有仁寿殿、乐寿堂、玉澜堂、排云殿几大宫廷原状陈列的基础上，又恢复了玉澜堂光绪皇帝的书房、宜芸馆皇后的寝宫、德和园大戏台、颐乐殿、永寿斋（李莲英的住所）、佛香阁内佛像等。殿堂陈设重新调整，并补塑、新制了部分佛像和铺垫。由颐和园文物支撑的园内殿堂原状陈列，能够直观真切地反映清代特别是晚清皇家园林的历史风貌与生活氛围。现园内开放的宫廷原状陈列中仁寿殿、玉澜堂、乐寿堂、排云殿 4 座殿宇内的中心陈设，沿用了光绪时期的陈设布置，其他殿宇中的陈设则是根据清代陈设册，按照皇家的陈设特点重新布置的。2000年，颐和园新建开放了集文物藏品库和展馆功能于一体的文昌院博物馆，颐和园现存的 4 万多件文物，除正在园内作原貌展出和专题展出的之外，大部分都在这里保存和陆续轮流展出。

历史活动

颐和园重要的历史价值，是其对中国近代社会发展进程的重大影响。从乾隆十五年（1750）起至宣统三年（1911），该园是中国最高统治阶层政治活动、宫廷生活和许多重大历史事件的中心。特别是道光二十年（1840）中国进入半殖民地、半封建社会以后，许多重大历史事件在园内留下了遗址、遗迹，主要有皇家帝、后的朝政、居住、游览、庆典场所。重要外国使臣的接见和游览。颐和园在咸丰十年（1860）和光绪二十六年（1900）两次遭到帝国主义侵略军的破坏。光绪十一年（1885），光绪生父奕譞主管海军事务，奉慈禧旨意修复颐和园。光绪二十四年（1898），戊戌变法时，颐和园是保守派的大本营，变法失败后，光绪皇帝被囚禁在园内的玉澜堂中。辛亥革命结束了颐和园作为皇家园林的历史，中华民国元年（1912），孙中山曾来颐和园游览。1949 年 3 月中华人民共和国成立前夕，毛泽东到达北京后首先来到颐和园宴请民主人士等。中华人民共和国成立后，颐和园成功地举办多次重大的政治活动，接待过世界各国的首脑和政府要员。园林与中国近、现代史上的重要人物、重大事件密切相关，与近、现代亚洲史和世界史也密切相关。

园居活动

在著名的北京西北郊“三山五园”中，全部建有帝王听政区，最高统治者在这里召见大臣、商协政事、会见使节、接受恭贺，其规格与紫禁城皇宫并无二致。作为中国清代封建统治者最钟爱的皇家园林，颐和园不仅集游乐、政务、典礼于一体，也是外国使臣和夫人觐见并游览的胜地，更是清末农民起义风起云涌的源头之一。历史人物频繁的活动，构成了这座皇家园林的重要内容。颐和园的重要特征，是具有“宫”和“苑”的双重功能。园林既是清代封建帝王散志澄怀的游乐之所，又是慈禧太后处理政务及起居生活的“离宫”。

颐和园内的帝、后生活，包括起居、庆典、祭祀、游览，内容极为丰富。根据清宫档案记载：颐和园的前身清漪园在初建时，园主人乾隆皇帝居住在圆明园，为给皇太后庆祝六旬寿辰，于万寿山上兴建大报恩延寿寺。寺建成而园尚未建成时，乾隆皇帝已多次侍奉皇太后来大报恩延寿寺拈香。《御制万寿山大报恩延寿寺碑记》中记载“自今伊始，其以兹寺为乐林，为香国，万几之暇，亲奉大安辇随喜于此”。《御制万寿山清漪园记》中“园建成后，过辰而往，逮午而返，未尝度宵”是乾隆皇帝这一时期的活动及从未在园内居住的记录。此后的嘉庆、道光、咸丰三朝皇帝亦未有在清漪园内驻跸的记载。但根据清宫档案记录，自乾隆十五年（1750）至咸丰十年（1860）英、法联军火烧清漪园以前，乾隆皇帝来园达 132 次、嘉庆皇帝来园达 265 次、道光皇帝来园达 142 次、咸丰皇帝来园达 41 次。此时期，帝、后在园中的活动主要是拜佛烧香、游览风景及祭祀、祈雨。光绪十二年（1886）修建颐和园后，园林成为慈禧太后的行宫，慈禧一年的大部分时间都在园中居住，除游览外，还在园内处理朝政、接待外宾，进行庆典及祭祀活动。同时，光绪皇帝及其后妃都曾陪同在园中居住、办公，这座园林实际上成为紫禁城外的小朝廷。颐和园从清漪园乾隆十五年（1750）初建开始至 1924 年末代皇帝溥仪出宫为止，共 175 年的历史。其中，清漪园经乾隆、嘉庆、道光、咸丰四朝皇帝御临。颐和园经光绪、宣统二朝皇帝及慈禧皇太后临幸。

起居

起居指帝、后的园居生活。颐和园是皇家的花园，帝、后园居生活的一项重要的内容是起居情况。清漪园时期，园内虽然设有临朝听政的勤政大殿，但乾隆、嘉庆、道光、咸丰四朝皇帝并不在这里处理朝政。他们居住在圆明园，听政办公也在该园，到清漪园临幸仅为拜佛、祭神，游山玩水，散志澄怀，或者去静明园时从清漪园中穿过，从不在园内居住。因此清漪园是一座御苑而不是行宫。第一代园主人乾隆皇帝，未曾在清漪园内居住过，但他的生活与这座园林有很大关系。万寿山上最大的寺庙“大报恩延寿寺”是他为母祝寿修建的，因此，乾隆皇帝常常侍奉母亲入园烧香和游玩。在京西北郊的“三山五园”中，乾隆皇帝非常喜爱清漪园，他每次去畅春园向太后请安后，时常来园中的鉴远堂休息。他在春风啜茗台饮以雪水、沃梅花、松实佛手浸泡的三清茶，在畅观堂观看农民耕作，在耕织图享受江南农村养蚕、织绢、养鸡、放鹅的乐趣。在各处读书、观画、宴饮。他对清漪园咏诗达 1500 余首，最喜游湖。有“何处燕山最畅情，无双风月属昆明”句。清漪园时期，园内未建御膳房，但建有进膳门，水上有送膳船、送茶船。帝、后游园用膳，食物要在别处加工好后送来。

嘉庆时期已非“盛世”，白莲教农民起义战事 8 年不止，鸦片开始入侵，屡禁不止。嘉庆皇帝承先帝余荫，喜爱清漪园，为自乾隆至咸丰四帝中来园次数最多者。他在玉澜堂、谐趣园接见大臣，也赐英国政府第二次派来的代表团游万寿山。自道光皇帝继位后，国势民情每况愈下。他曾在玉澜堂赐年老大臣宴，并与大臣咏诗联句。咸丰九年（1859）二月二十五日，土司泽尔甲等在东宫门跪迎咸丰皇帝。咸丰十年（1860），在英、法联军入侵的 8 个月前，咸丰皇帝仍来清漪园游幸。嘉庆、道光、咸丰三帝均遵循乾隆皇帝先制，均未在园内留宿，均阅水操，均来礼佛与祀神。嘉庆皇帝亦每年诣广润灵雨祠拈香，嘉庆十七年（1812）五月初六日，嘉庆皇帝祈雨后，初七日“祈雨灵验”。特加封园内南湖岛龙王庙中龙神为“安佑普济沛泽广生龙神”，并立每年春、秋两祭龙神之例。嘉庆二十二年（1817）六月十三日，嘉庆皇帝诣祠拈香，十四日“甘霖滂沛”，即命皇四子诣祠谢雨。从此，除皇帝常来拈香祈雨外，亦遣官来祭龙神，这种春秋两次遣官祭龙神之例，一直执行。咸丰十一年（1861）三月二十五日，内务府太常寺以昆明湖龙神祠殿宇、祭器现俱无存，会同奏请本年春季致祭时令清漪园事务处支搭席棚，设立龙神牌位致祭。嘉庆、道光、咸丰三帝来园亦留下大量诗句，文风承乾隆皇帝之旧。

光绪年间修建颐和园后，从光绪十七年（1891）园林还未完成时，慈禧就开始来园中居住，园内设听政区、生活区和游览区。慈禧的寝宫在乐寿堂、光绪皇帝寝宫在玉澜堂、光绪皇后寝宫在宜芸馆。

关于慈禧在颐和园内的生活，清人溥雪斋［此人在光绪三十年（1904）慈禧太后办七十正寿时，曾被召入宫中“会亲”，留宿约 1 个月。亲眼看到慈禧太后在颐和园的每天生活］的《晚清见闻琐记》中“慈禧太后一天的生活”一节中这样描写：慈禧太后每晨定时起床（宫中叫作“请驾”），起床后为梳洗时间，这时各处的供差太监等皆等候着太后的梳洗。梳洗完毕后，室内太监喊“打帘子”，专管开帘的“殿上太监”便应声将帘子打开。这时等候的太监等跪满殿内和庭中，同时高呼“老祖宗吉祥”……太后走出外屋，先批阅各处奏折，看完便到仁寿堂传见臣工，当时叫作“见起”又称“见军机”。接见之后回到乐寿堂“传膳”，饭后照例要“进果盒”，即吃干鲜水果、点心之类。吃完果盒照例出去散步一次，经常在长廊上散步，由宫眷、太监、宫女等簇拥跟随，准备太后随时乘坐的小轿也在后随行。散步后“回寝宫歇午觉”，睡醒有时到听鹂馆绘画消遣，由“如意馆”人跪地手托颜料等侍候着，照例有一位云南女画家缪嘉惠在旁“指点”……有时不画画，命把“太医院”的大夫叫来，唤他们跪在地上朗读“四书”，太后听着……还有一时高兴，命把“咱们本家儿的叫来”（当时呼宫中太监戏班之语），于是太监便开始“髦儿排”，即不上装的清唱。照例还有“内延供奉”（即当时有名演员如谭鑫培、王愣仙、杨小楼、大李七、陈德霖、龚云甫、十三旦、王瑶卿、王凤卿、朱素云、钱金福、王长林等，皆经常召入宫中供差）当时指导。观剧后“进晚膳”，用饭毕还要摆上果桌果盒等。太后不一定吃，到仁寿殿写大字，如四尺的福寿字等。写完几幅之后，照例还有一顿夜宵（宫中叫“灯果”），如酱肉、小肚、烧饼、粥之类……

观剧，是慈禧在园内的一项重要生活内容。慈禧酷爱京剧，听鹂馆内原有一座小戏台，光绪二十一年（1895）又建德和园大戏楼。自大戏楼建成至光绪三十四年（1908），据有具体记载的11年中，慈禧太后在此观剧262天次，最多一年40余次，每次由宫中来园的第二天必定观剧。除由升平署演出外，大部分是传宫外戏班及“内延供奉”，有“三庆班”“义顺和班”“玉成班”“宝胜和班”“四喜班”“同春班”“春福班”等。慈禧太后看戏的剧目，根据节令，于演戏前由南府总管拟出，交总管太监李莲英呈送御览。据升平署档案载，自光绪二十一年（1895）九月初三日至光绪三十四年（1908）九月十九日，在德和园演出的不同剧目达200多出。按一次《万寿庆典》的剧目如下：万寿无疆、万寿长春、寿益京垓、喜溢区、祥呈阆苑、赐福延龄、福寿延年、万寿长生、箕筹五福、四海升平、升平雅颂、天保九如、承乾介寿、万寿祥平、洞仙庆贺、罗汉渡海、四面观音、进美采莲、庆寿图、比寿图、甲子图、福禄寿、蟠桃会、水帘洞、无底洞、盘丝洞、五花洞、莲花洞、琵琶洞、火云洞、狮驼洞、泗洲城、金钱豹、双心斗、青石山、百花山、乾元山、金山寺、五雷阵、雄黄阵、碧波潭、三世修、混元盒、嫁妹、九莲灯、莲花塘、阴阳坡、赵家楼、贾家楼、四杰村、恶虎村、落马湖、八蜡庙、武文华、飞叉阵、淮安府、河间府、东昌府、恶虎庄、射红灯、洛阳桥、陈塘关、九龙杯、九节山、快活林、夺三关、渡银河、普球山、摇钱树、画春园、翠凤楼、庆安澜、保安州、铁搓峰、琼林宴、八大锤、战宛城、艳阳楼、生辰纲、盗库、香山、举鼎观画。以上除一部分祝寿戏（昆曲）以外，由于德和园戏台有可以升降布景的机关及有可供演员由台顶下降，由台板升出的设备，其余京剧中武打戏多，神话戏多，并有73出剧目中有大型切末（布景）。

光绪二十二年（1896）正月十六日，慈禧太后观戏后在德和园内举行了一次盛大的庆祝灯会，俗名“跳灯”。“跳灯”之前，先于戏台院内满铺棕毯，灯会中有骨牌灯、万寿灯、朵云灯、福禄寿灯、六十甲子灯、花灯、龙灯。慈禧太后最喜欢龙灯。龙灯各有两条，长约10米，每条龙灯前各有一演员手持一大彩珠导引，龙灯由十多名演员持舞，随彩珠上下翻转，最后双双舞于戏台上面，从龙口中喷出一道长长的水柱，场面颇为壮观。慈禧太后坐在颐乐殿内观剧，在殿内西暖间休息，在殿内东二间临时搭接3张桌案用膳。

慈禧的膳食，也是生活起居的重要部分。园内东八所8个院落有专供慈禧太后膳食的“寿膳房”，司烹调饮食的首领太监、厨师、茶役等共 128 人。慈禧太后膳食费用，常例每日白银 60 两。基本膳食规格是大碗菜 4 品，中碗菜 4 品，碟菜 6 品，片盘 2 品，饽饽 4 品，汤及汤面 2 品，冬天加火锅 2 品。另外，宫中饮用水取自玉泉山，日供太后 12 罐。

慈禧常在乐寿堂内吃饭，餐桌放在起居室的西侧，由两张方桌和一张半桌摆成餐台。“传膳”前，寿膳房将做好的菜品放入膳食盒（木制，淡黄色，外描蓝色二龙戏珠，盛菜的器皿下有锡制座，内有热水，外包棉垫，膳食盒封严，不漏气）。同时，还要在乐寿堂阶前临时设置活动炉灶，加工所谓的“上作蔬”。传膳时，膳房小太监穿蓝布袍，戴白套袖，排队列廊下。传膳太监传旨开膳，小太监各将膳食盒搭在右肩上，由管膳太监及膳房首

乐寿堂内原状陈列

领代领，依次入殿内。由内侍太监将菜品放在膳桌上，总管太监李莲英先用银筷试尝，太后用哪样，由太监将哪样送至太后面前。太后用膳毕离去，如赏后、妃等食用，亦站立食用。

慈禧的服饰非常讲究，光绪二十三年（1897）由苏州织造一次为慈禧太后承做各种服装135件，用银38000两。其中一件藕荷绸灵仙祝寿氅衣用工四五百个，用银360多两，一件披肩用3500粒大如黄鸟卵的珍珠织成。收存在颐和园的翡翠、珊瑚、宝石及金银制各种首饰等有3000余箱。

除在园内的吃穿之外，慈禧还酷爱照相、画像。光绪二十九年（1903），通过当时美国驻华公使康格的夫人，聘请正在中国旅游的美国女画家卡尔来园为慈禧画油画像。画室设在德和园庆善堂的东二间，将上层窗户改安玻璃采光，绘成后，一幅存宫内，一幅命溥伦专使送到美国圣路易赛会展出。当时，卡尔为慈禧太后画像时，因她不能坐太久，由在园内侍奉她的德龄、容龄推荐她们的哥哥勋龄来园为慈禧拍摄照片，备卡尔临摹之用。同时开始拍摄其他照片，据《宫中档簿·圣容账》光绪二十九年（1903）至光绪三十二年（1906），慈禧的照

慈禧像

慈禧与外国公使夫人

片有 31 种大小共计 786 张。其照片可分为 4 类:单人像、化妆像、生活像、外事像。其中单人像多在乐寿堂前或殿内拍摄，生活像中有自园内各处起驾时所拍摄，外事像有在园内与外国驻华使节女眷合拍者。当年乐寿堂内墙壁上曾悬挂过“圣容”二帧。慈禧太后相片现均存于故宫博物院,颐和园翻拍 14 张,陈列在展馆内。

在清朝的帝王中，仅光绪皇帝在园中居住过。光绪二十四年（1898）八月初五以前，光绪皇帝来园时仍处理国事。是日后来园时被囚于玉澜堂，只陪同慈禧皇太后参加外事活动，或执行祭祀活动。并曾去奉先殿、寿皇殿行礼，去乾清门东暖阁穆宗毅皇帝圣容前拈香行礼，去建福宫孝贞显皇后御前行礼，均当日返园。凡慈禧太后来园、离园，光绪帝均跪迎、跪送。凡慈禧太后驻跸本园，光绪帝被囚玉澜堂时，光绪帝每天卯刻（上午 6 时）去乐寿堂向太后请安。

慈禧、光绪等自宫中往来颐和园，事前御路修垫铺以碎石黄土，净水泼道，水路清除水藻。太后、帝、后 3 人乘轿外均专用马、车。如光绪三十一年（1905）的记载，慈禧太后专用马 517 匹，引马 4 匹，升平署用马 310 匹，清茶房用马 10 匹。黄车 3 辆，红车 6 辆，青车 22 辆，蓝车 2 辆。光绪皇帝专用马 209 匹，掌伞用马 30 匹，清茶房用马 9 匹。黄车 1 辆，青车 1 辆。皇后、瑾妃共专用马 59 匹。黄车 2 辆，青车 5 辆。乘轿由銮仪卫负责，有带轿官 81 人，请轿校尉达 353 人。据中华人民共和国建立后，本园留用原职工中曾充慈禧太后卫队兵丁的冯玉成叙述：当时太后由东宫门乘轿起驾后，直至倚虹堂，中途不停，轿夫均经训练，抬轿平稳，行走如飞，中途不断换班。

另据一次“恩赏王大臣及各衙门备差官员兵丁清单”，慈禧从宫中往来颐和园，执行勤务的多达 20470 人。其中除御前大臣等高级官员外，还有侍卫处，銮仪卫、上驷院、武备院、内务府护军营、八旗两翼前锋护军营及步军统领衙门等。护营、查道、站道有章京等 600 人、前锋护军 7800 人，步军统领衙门协副尉和步军校 383 人及兵丁 6230 人。另有巡逻兵 3350 人。

慈禧从颐和园起驾

庆典

庆典指慈禧、光绪在颐和园的寿庆活动。光绪十四年（1888）清漪园改名颐和园，为给慈禧太后“颐养冲和”，将原大报恩延寿寺大雄宝殿改建排云殿恭备慈禧太后万寿庆典受贺之用。光绪二十年（1894）十月初十是慈禧的六旬万寿，为了在颐和园内举办庆典受贺，光绪十八年（1892）即开始筹办，至光绪二十年（1894）适逢“甲午之战”之败，因而“颐和园受贺礼宜”即行停办。尔后，自光绪二十一年（1895）到三十四年（1908）间，只光绪二十三年（1897）、二十八年（1902）、二十九年（1903）、三十年（1904）慈禧太后万寿庆典在颐和园受贺4次。

光绪皇帝万寿节六月二十六日，只光绪二十九年（1903）、三十年（1904）、三十一年（1905）在颐和园内受贺3次。

祭祀

祭祀活动主要是礼佛、祀神。清漪园以大报恩延寿寺为主要建筑，自乾隆二十二年（1757）起，大报恩延寿寺每月初一、十五日唪经。每年四月初八佛诞日（浴佛节）和其他与佛教有关的节日，或皇帝奉太后来，或太后独来，或皇帝独来，到大报恩延寿寺各殿拈香，并到园内其他供有佛像的殿宇拈香。园内尚有建于后山的喇嘛寺庙群。乾隆二十八年（1763）请来三世土观活佛洛桑却吉尼玛来京，任掌印喇嘛和御前禅师，编译满文藏经。土观活佛洛桑却吉尼玛曾与乾隆皇帝作诗唱和，写有藏文诗《清漪园礼赞》。乾隆四十五年（1780）为后藏班禅额尔德尼来京，九月初三乾隆皇帝谕旨，令在昆明湖新造大船供班禅额尔德尼乘坐。九月十六日，班禅额尔德尼在昆明湖乘坐插有绣龙旗的“喜龙”御舟，登岸到大报恩延寿寺礼佛。据《钦定总管内务府现行则例》：“每年四月初八派宝帝寺学满洲经喇嘛五十四名在大报恩延寿寺唪无量寿佛经一日。每月朔望，清漪园大报恩延寿寺放乌卜藏唪经，每次用黑炭三斤四两。每月初一、十五、初八、十三、三十日，每次派喇嘛十名念经。”“大报恩延寿寺每月初一、十五日供素菜二次，每次二十碗。”另外据《起居注》载，每月初一、十五日往大报恩延寿寺送供饼。由此可见，当时各寺均按藏传佛教之仪轨。如放鸟卜藏是用铁炉燃烧黑炭、木柴、松柏枝、奶油、粮食等物，是祭神以息灾求福的宗教活动。在西藏称为烧施，或译为火祭、护摩，是修持密宗必需的仪轨。其使用的器皿——礼敬、称赞、供养、供献、持验各种法器，亦均按照藏传佛教仪轨的规定。因此，在清漪园礼佛是一件大事。

祀神是祀祭龙王以祈雨，建造清漪园前，原有龙王庙，造园时保留原址，在造园时，首先重修龙神祠，并封龙王为安佑广济龙神。《清会典》载："吉礼"中"百二十有九目中列有'昆明湖龙神祠'，水旱则祈，乃大雩"。乾隆十五年（1750）乾隆皇帝即亲诣广润祠拈香，尔后各代皇帝均以此为例。乾隆六十年（1795）四月二十八日，乾隆皇帝诣广润祠拈香，夜间即获甘霖，次日乾隆皇帝上谕："朕昨日亲诣广润祠祷雨，夜间即获甘霖，本日亲往虔谢。"并将广润祠增号为广润灵雨祠。嘉庆元年（1796）后，乾隆太上皇帝仍多次来祠拈香。

历史事件

英、法联军焚烧清漪园

咸丰十年（1860）八月，英、法联军借第二次鸦片战争攻占北京，咸丰皇帝携后妃等北逃热河避暑山庄。八月二十二日，侵略军进入海淀镇，清漪园郎中文明由广源闸赶回清漪园，晚6时许于海甸遇敌兵，绕六郎庄回园。晚7时英、法联军占领圆明园，尚留在园内的常嫔以死殉节，内务府大臣文丰父子投入福海殉难。当夜，英、法联军先火烧圆明园大宫门、海甸军机处及民房。清漪园笔帖式广第家住海甸，有敌兵及土匪闯入他家，他的家眷子女五人，因不愿受侮，均投水自尽。八月二十三日（公历10月7日），夷人200余名并土匪不计其数闯入清漪园东宫门内，抢掠各殿陈设，致使大件多有伤损，小件尽行抢去，清漪园的印信此时丢失。清漪园员外郎泰清全家自焚殉难。当日，英国《泰晤士报》驻京记者发出通讯："据估计被劫掠和破坏的财产总值超过六百万英镑……在场每一个军人都掠夺很多，在进入皇帝的宫殿后，谁也不知该拿什么东西，为了金子丢下银子，为了镶有珠玉的钟表和宝石，又丢下金子。虽是无价之宝的瓷器珐器，因太大不能运走。竟被打碎。”另《第二次鸦片战争》一书中记载：“联军司令下令可以自由抢掠，于是英法军官和士兵疯狂抢夺，每个人都腰囊累累，满载而归，不能携带的珍贵物品则疯狂击毁……在他们的营帐里，到处都是五光十色的宝物，在这里可以买到许多镶嵌珠玉的钟表、金银器皿、绸缎、刺绣品……售出的款项总计约为十二万三千块银圆……虽然劫掠者用车子运走，因为东西太多，运输工具显得太少。”至今，在世界许多国家的博物馆中都有当年被掠去的珍宝，物证俱在。在联军统帅额尔金的命令下，九月初五（1860 年 10 月 18 日），侵略军复以大队人马窜扰园庭，米启尔骑兵团放火焚烧京西郊“三山五园”。清漪园此时受到了灭顶之灾，山湖景色顷刻间化为灰烬。曾为英、法联军一员的马卡吉记述当时的情况：“焚毁的命令发下后，不久就见重重的烟雾，顷刻工夫，几十处都冒出缕缕浓烟，万万千千火焰爆发，烟青云黑，掩蔽天日，所有曾被视为举国神圣庄严的庙宇宫殿及收藏的历代皇家精华物品，都付之一炬了……当我们回来的时候，芬纳带着的一两队骑兵，绕行一周，再将我们忽略的那些建筑，也都架火燃烧。”法国人亨利·柯第埃在其《1860 年对中国的远征》一文中叙述：“1860 年 10 月 18 日，万寿山始焚。10 月 19 日，火势继续燃烧，火焰之上，黑烟成云，浮向北京而去。”10 月 19 日，清朝大臣翁同龢日记载：“京城西北，黑烟弥天，竟日不绝。”大火延烧三天三夜，直至 10 月 23 日在城内签订卖国条约时，京城西北仍火光烛天，“三山五园”余烬未熄。北京城内能望见烟尘，闻到松柏木燃烧的气味。在这次浩劫中，清漪园的木结构殿宇，大部分被焚毁，园中陈设

1860年清漪园被焚毁后

也被洗劫一空，园林从此荒芜败落，名存实亡。同治十年（1871）四月十日，有清朝故老从绣漪桥入寻清漪园遗迹后记载：颓垣断瓦、零乱榛芜，宫树苍苍、水鸣呜咽，由荦路登廓如亭望万寿山，但见牧童樵子，往来林莽间。暮从昆明湖归，桥上铜犀卧荆棘中，犀背御铭，朗然可读。同治十一年（1872），外国人卧尔斯莱游历了万寿山，记录了清漪园此时的荒凉景象：吾人亲见额尔金爵士所破坏之残景，巨梯已毁（指佛香阁的磴道），上载铜塔（指佛香阁西侧的宝云阁），附近亭观亦皆残破。其下则湖水平静，满覆荷花，又有大理石桥，二者相映，益增凄楚。

清宫档案中，对英、法联军焚毁“三山五园”的暴行，殊少记载。只有如“三山等处所有物件被夷人搜取者固多，而土匪乘势抢劫或委弃道途被无知小民拾取及误相买卖者亦复不少”的记录。自咸丰十年（1860）八月二十七日至十一年（1861）九月，由圆明园八旗健锐营外火器营来“三山五园”一带，6 次严拿土匪及搜寻丢失陈设。清漪园被焚，建筑损失情况无档可查，只知除砖石建筑、铜铸建筑外，大部分被毁。清漪园陈设损失亦无档可查，只知咸丰五年（1855）清查园内陈设为 37583 件，至同治五年（1866）再次清查时只有 4735 件，从数字上损失达十分之九，皆为珍贵之物。劫余者多是携带不便的家具及佛像等。

戊戌变法

光绪二十四年（1898 戊戌年）四月二十五日，光绪皇帝在宫中下变法诏书。四月二十日，光绪皇帝在颐和园仁寿殿召见康有为，“历时九刻之久”。为历来接见大臣未有之如此长时间，“康所陈奏甚多，上然其言”，并任命康有为在总理各国事务衙门章京上行走。自是年四月至七月，慈禧太后多是住在颐和园，只回宫两次。而光绪皇帝虽时常来园侍奉太后，而频繁回宫 19 次。在此期间，光绪皇帝 5 次发布“上谕”，厉行新政，不只立学堂、改革科举等新法，甚至“准士民上书言事”。一方面他对积极参与变法的梁启超、杨锐、林旭、刘光第、谭嗣同等人授予官职，一方面对反对变法的礼部尚书怀塔布、许应，侍郎坤岫、徐会沣等罢官，并裁撤詹事府等 6 个衙门。而慈禧虽久居园内，对此并未置之不理。在光绪皇帝变法诏书后两天，慈禧在颐和园传下 3 道“懿旨”：一是罢翁同龢官职，二是授荣禄直隶总督兼北洋大臣，三是文职一品及满汉侍郎，各省将军督抚、提督等需由太后赏识补授，向太后谢恩。此举在于打击维新派官员，控制京畿局势，掌握军政人事大权。七月，庆亲王奕劻等人连日聚集在颐和园密谋，御史杨崇伊奏折诬陷康有为“紊乱朝局”，请太后“即日训政”，并以光绪皇帝名义“诏令九月十五日奉皇太后幸天津阅兵”。京、津盛传阅兵时将发生兵变，废光绪皇帝。七月三十日，情况紧急，光绪皇帝在颐和园内“密诏”，“今朕位不保，汝康有为、杨锐、林旭、谭嗣同、刘光第可妥速密筹，设法相救”，交杨锐传出，后又由林旭传出第二道密诏。八月初一，光绪皇帝在园内玉澜堂召见袁世凯，“以侍郎候补、专办练兵事宜”，委以重任。八月初二晚，谭嗣同携密诏至法华寺劝袁世凯相助，袁世凯表示“诛荣禄如杀一狗耳”。八月初三光绪皇帝回宫，而袁世凯赶到天津向荣禄告密，荣禄连夜赶回京城，夜间径至颐和园向慈禧禀报：光绪皇帝拟兵围颐和园。慈禧于初四黎明急促回宫，立即将光绪皇帝囚禁。初六以光绪皇帝名义“上谕”，即日起由太后训政，光绪皇帝被囚禁于西苑瀛台，康有为、梁启超逃往国外，杨深秀、杨锐、林旭、刘光第、谭嗣同、康广仁 6 人处斩，其他拥护新政之官员先后俱遭惩处，各项新政逐渐复旧。自光绪二十四年（1898 戊戌年）四月二十五日至八月初三，推行新政变法共 103 天，史称“戊戌变法”或“百日维新”。光绪二十六年（1900），慈禧太后自三月初十至五月十三日驻跸颐和园，光绪皇帝随来被囚禁于玉澜堂，切断与宜芸馆之通道，在东、西两配殿室内砌砖墙。从此光绪皇帝随慈禧来往，除必须由皇帝致祭的事项准其外出，其他时间禁闭于玉澜堂院内。

八国联军入侵

光绪二十六年（1900）四月义和团进北京，五月杀日本驻华公使馆书记杉山彬，英、德、俄、美、日、法、意、奥八国联合侵略军攻陷大沽口，德国驻华公使克林德开枪射击义和团反被击毙，形势紧迫。在三月十一日至五月十二日之间，慈禧太后在颐和园传下 14 道对义和团严拿惩办的谕旨。六月，八国联军攻入天津，七月陷杨村、通州。慈禧太后自五月十四日回宫后，一方面王公大臣统率义和团攻打使馆，一方面派大臣给使馆送水果求和。七月二十日敌兵临近北京。七月二十日清晨，慈禧太后化装成汉族村妇，携光绪皇帝及后妃等人，乘民间骡车由宫中逃出。先至颐和园，颐和园官员惊异万分，急奉上吃食，太后等稍事休息，立即北去昌平县，后辗转逃至西安。八月初六，八国联军中俄国侵略军第十团第五连、第八连乌迪骑兵连与赤塔骑兵连首先侵入颐和园，日、美、意、英等国侵略军随之进园侵占。七月二十三日，八国联军统帅瓦德西入城后，下令准许军队抢掠，于是颐和园中的陈设文物又遭到一次洗劫，甚至智慧海、多宝塔二处墙壁上嵌砌的琉璃小佛头也被砍下携走。光绪二十七年（1901），清政府接受帝国主义侵略军一切要求，签订中国历史上最残酷的卖国条约《辛丑和约》。按照和约“诸国军队即于西历一千九百零一年九月十七日即中历光绪二十一年八月初五日全由京城撤退”。而逃在西安的慈禧太后，在七月十五日即传下“懿旨”：“颐和园何日交收即行电奏。”八月初五内务府大臣世续电奏：“颐和园内等处所驻英国、意国洋兵于八月初二一律撤退……看得仁寿殿、乐寿堂、玉澜堂、德和园、涵虚堂等处殿宇均尚齐整，其排云殿、听鹂馆等处殿宇内、外檐装修有伤损不齐之处，惟畅观堂殿宇仅存间架，情形较重。园内各殿陈设木器多有遗失……”八国联军自光绪二十六年（1900）八月初六起至光绪二十七年（1901）八月初二，侵占颐和园整整一年。光绪二十八年（1902）、二十九年（1903）又将颐和园进行整修，共计工程 27 项，包括除畅观堂以外的殿宇，共用银四十三万一千九百十四两四钱七分七厘。光绪二十八年（1902）八月十二日起，慈禧太后重新驻跸颐和园。

吴樾炸弹案

光绪三十年（1904），为争夺中国东北三省爆发了日俄战争，最后以日胜俄败而告终。此时，慈禧决定派 5 名大臣出洋考察。光绪三十一年（1905）八月二十六日上午 10 时许，出洋大臣在前门火车站登车时，革命党人吴樾投掷炸弹，五大臣中的绍英等被击中，吴樾当场死亡。第二天上午，戴鸿慈、徐世昌、端方三人立即赴颐和园，向慈禧面奏当时情形。皇太后垂帘纳听，复慨然于办事之难凄然泪下。为防范革命党人携炸弹等物潜入颐和园，清宫征调工匠，将颐和园的大墙增高了 3 尺。在园林附近增派了驻军，还在颐和园内安装了电话，可直达警部，以便及时联络，慎重防卫。

后　记

出版社的于虹主任转告我，本书的作者授权让我代写书的后记。我不知道是以她的身份来写，还是别出心裁以作者以外的人来写。我想试试，也不知道能否起到后记的作用。

小菊是我的老朋友，我钦佩她的学识与认真做事的态度，我们的相识是从编纂北京第一轮志书《北京志·颐和园志》开始的，在 170 余部北京分志书中，作为各分志主编基本上都是各个系统部门有一定级别的领导干部和专家，而这部志书的主编就是小菊，一个科级干部，当时还没有获得高级职称，这在北京市乃至全国的修志界都太特殊了，而志书出版后，得到了广泛的认同和赞誉。我知道小菊一参加工作就在颐和园，她熟悉这里的一切，她热爱这里的一切，只有倾注了情感才能奉献出精品佳作。

这部志书的编修从 1999 年初开始，经历了 3 年的系统资料整理、框架篇目的制定，潜心撰写，笔削一人，初稿计 52 万余字。

初审稿通过市地方志编委会办公室和有关方面专家、领导的评审，提出一些意见，小菊又进行了认真的修改，于 2003 年 3 月完成复审稿，计 6 篇 15 章 48 节共 46 万字。复审稿得到了罗哲文、周维权、吴梦麟、孟兆贞、王国华等专家的高度认可，给予高度评价。这部志书以颐和园历史档案为基础，侧重编纂记述了颐和园古代历史文化遗产的发生、发展、管理及其沿革的历史，并有重点地记述了新中国成立以后颐和园的保护、建设和管理的基本情况，涉及中国历史、建筑、园林、文学、美学、书法等诸项学科，2004 年正式出版。我有幸是这部志书的责任审稿，小菊孜孜以求、严肃认真的治学精神和工作态度，至今仍历历在目。

本书是在原志书基础上的再创作，将颐和园的精华更通俗地进行了梳理，奉献给读者。充分体现联合国教科文组织对颐和园的认定："丰厚的历史文化积淀，优美的自然环境景观，卓越的保护管理工作，为世界几大文明之一的有力象征。"为了便于阅读，随文的图片进行了认真的遴选，文字更加精炼，我又一次通读了书稿，再一次为小菊所倾注的心血所感动。如今她是北京颐和园学会副会长、研究馆员，从事颐和园文物、历史科研等专业技术工作已达 40 多年。

当然，颐和园的研究和取得的成就，还有来自各方面研究人员、颐和园管理处史志工作者的不懈努力，从 1991 年开始，北京市园林局及颐和园就组织力量到中国第一历史档案馆（原明清档案馆）、中国第二历史档案馆、国家图书馆、首都图书馆、大连档案馆等处查阅收集资料、反复核查，至今未有间断，积累了大量的历史档案资料。

颐和园的显赫地位和它所承载的博大精深的文化为我们提供了永远也说不尽的故事，当然，也会有难以探知的奥妙，书中的差误也就在所难免了。让我们用情感和爱，讲好颐和园的故事，讲好北京的故事，讲好中国的故事。

谭烈飞

2017 年 12 月 22 日于三星斋